Clelia Paccagnino
Marie-Laure Poletti

GRAND LARGE
1

HACHETTE
français-langue étrangère

GRAND LARGE 1
- un livre pour l'élève
- un guide pour le professeur
- deux cassettes pour la classe

GRAND LARGE 2
- un livre pour l'élève
- un guide pour le professeur
- une cassette pour la classe

Dessins

Astrapi, © Bayard Presse : p. **133** ; D. Bonnaffe : p. **69** ; S. Dali, « Persistance de la mémoire », © ADAGP : p. **126** (1) ; E.P. Jacobs, © Black et Mortimer : p. **130** (3) ; F. Jannin, © ed. Dupuis : p. **60** (3) ; Konk, *L'événement du jeudi :* p. **148** ; R. Magritte, « Mystères de l'horizon », © ADAGP : p. **126** (2) ; E. Mezzano : pp. **5, 8, 25, 26, 27, 28, 38, 39, 42, 52, 67, 83, 85, 87, 88, 96** (1), **107, 113, 137, 144, 145, 152, 155, 164, 171, 175, 184, 185** ; Mordillo, © Imapress : p. **9** ; *Okapi,* © Bayard Presse : p. **163** ; *Phosphore,* © Bayard Presse : p. **66** ; Piem, © APEI : p. **75** ; Pommaux, dans *Façons de parler,* ed. du Sorbier : pp. **73, 74** ; Quino, © Quipos : p. **43** ; A. Rosenthiel, P. Gay, dans *Le livre de la langue française,* © ed. Gallimard : p. **115** ; Sempé, © Ch. Charillon-Paris : pp. **55, 80, 140** ; A.M. Vierge : pp. **30, 32, 78, 158, 173**.

Photographies et documents

Alemano : p. **53** (3) ; Borlenghi : couverture et pp. **1, 65, 135** ; J.-L. Bureun, *Télérama :* p. **111** ; Cassetta : p. **177** ; Cattunar : p. **71** (3) ; Della Vedova : pp. **4** (4, 8), **152** (1, 2) **175** (7) ; Diamonde : pp. **4** (3), **175** (4) ; Dorigo : p. **71** (1) ; Farabola : p. **10** (1, 4) ; Fiore : p. **4** (5), **53** (1) ; H. Gloss : p. **59** ; Météorologie nationale : p. **142** ; H. Olbalk, A. Soral, A. Pasche, dans *Les mouvements de mode expliqués aux parents,* ed. Robert Laffont : pp. **59, 60** ; M.-L. Poletti : pp. **2, 3, 4** (1, 2, 6), **14, 18** (1, 2, 3, 4, 5, 6, 7, 8), **19, 21, 31, 41, 53** (2), **56, 57** (2), **77, 88, 92, 99** (2), **125, 127** (3), **137, 170, 172, 175** (1, 2, 5) ; Sacerdote : p. **18** (7) ; SEF : p. **152** (3) ; SNCF : p. **114** ; VSD : p. **47** ; The Walt Disney Company : p. **118**.

Droits réservés

pp. **10** (3), **57** (1), **61, 82, 84, 94, 96** (2), **105, 106, 108, 119, 120, 121, 122, 127** (1, **2**), **129, 130** (1, 2), **131** (2), **149, 150, 175** (6), **176, 188, 190, 191**.
Les ayants droit qui auraient connaissance de documents pour lesquels nous n'avons pu obtenir les autorisations sont priés de se faire connaître.

NB : Les numéros des dessins, photographies et documents sont indiqués par page, de gauche à droite et de haut en bas.

Maquette : Poolgraph-Turin

© 1987, Petrini Editore
ISBN : 2.01.013614.4
© HACHETTE 1988 79, boulevard Saint-Germain - F 75006 PARIS

AVANT-PROPOS

Grand large est un ensemble pédagogique spécialement conçu pour un public d'adolescents et d'adultes non débutants, après 3 années d'apprentissage du français.

Options méthodologiques

Sans dogmatisme pédagogique, il offre aux enseignants et aux apprenants les moyens de construire une réelle compétence de communication : il développe la prise de conscience linguistique au travers de situations de communication variées et d'activités originales qui poussent les apprenants à être actifs. Pour renforcer la motivation, un fil conducteur a été choisi : une course de voiliers dans le volume 1 et une croisière dans le volume 2.

Organisation du volume

Cette progression dans l'autonomie de la langue n'est possible que si l'on propose aux apprenants un parcours structuré et rassurant. C'est la raison pour laquelle on a placé des points de repères réguliers qui jouent un rôle sécurisant dans la structuration de l'apprentissage.

Ce premier volume est donc divisé en **3 ETAPES** (qui comprennent chacune **4 UNITES**) suivies d'un **BILAN** et d'une **ESCALE**.

A l'intérieur de chaque unité:

A partir d'un document sonore ou visuel, ou d'un texte, on fait alterner les phases d'écoute, d'observation, de réflexion et de recherche. Le parcours de l'apprenant est ponctué par des activités signalées par des symboles.

 Les ECOUTEURS annoncent les documents enregistrés qui aident à l'amélioration de la compréhension orale.

 Les ANCRES présentent les diverses réalisations linguistiques classées selon les actes de parole qui apparaissent dans l'unité.

 Les FANIONS mettent en évidence les éléments grammaticaux. Ils apparaissent à la suite d'activités de découverte et de conceptualisation signalées par la formule «Observez et comparez». Ils renvoient au PRECIS GRAMMATICAL, placé en fin de volume.

 Les PORTE-VOIX proposent des activités orales pour l'intonation et l'articulation.

 Les BOUEES DE SAUVETAGE donnent des conseils pour résoudre certains problèmes linguistiques.

En fin d'unité :

Une double page : AMARRAGES (exercices systématiques essentiellement écrits, à faire en classe ou à la maison, qui insistent sur des phénomènes grammaticaux abordés dans l'unité) et PHONETIQUE (connaissance et manipulation de l'alphabet phonétique international, entraînement à la discrimination et à l'articulation).

En fin d'étape :

- Le BILAN, moment d'évaluation, propose des exercices de contrôle pour faire le point sur les acquisitions et les consolider.

- L'ESCALE présente un ensemble de documents authentiques rassemblés autour d'un thème motivant, qui mettent en valeur de nombreux aspects de civilisation.

En fin de volume :

Le PRECIS GRAMMATICAL permet une révision de la grammaire de base et incite l'apprenant à devenir responsable de son apprentissage.

TABLE DES MATIÈRES

documents oraux	documents sonores ou visuels ou textes

ÉTAPE 1

UNITÉ 1

Avant le départ de la course de voiliers La Trinité-sur-mer - Portofino...

	documents oraux	documents sonores ou visuels ou textes	
🎧	Au micro de Radio-Océan, avant le départ		3
		Photos des concurrents, leurs déclarations	4
▷	Le féminin et le masculin des adjectifs		5
		Article de presse: «J'ai deux amours, l'ordinateur et la mer»	6
⚓	Dire et demander à quelqu'un son nom, son âge, sa nationalité et sa profession. Dire qu'on ne comprend pas		7
🎧	Qui êtes-vous? Quel métier faites-vous?		8
🔊	Comment faire les liaisons ([z] [t])		8
		Titres de journaux	8
🔊	Imitez l'intonation		9
		Bande dessinée	9
		Photos de vedettes	10
		Affiche publicitaire	11
	AMARRAGES		12
🎧	**PHONÉTIQUE** Les sons [i], [u], [y]		13

V

UNITÉ 2

Les concurrents de la course se rencontrent...

A la réception de l'hôtel		15
Pour demander l'adresse de quelqu'un. Quand on se rencontre...		15
	Trois cartes de visite	16
Le présent de l'indicatif		16
Les formes du présent de l'indicatif		16
Présenter quelqu'un, demander quelque chose, saluer, prendre congé		17
	Dépliant publicitaire: «Vivez le week-end de vos rêves»	18
Pour donner un conseil. Pour dire qu'on n'est pas d'accord. Pour dire pourquoi on n'est pas d'accord		18
Trois concurrents se rencontrent		19
Imitez l'intonation		19
Vous rencontrez quelqu'un		19
	Roman photo: deux personnes se rencontrent	19
	Le départ de la course: quelques titres de journaux	20
	Comprendre les Français, leurs gestes, leurs mimiques: quelques photos	21
Conseils pour écouter et comprendre		21
AMARRAGES		22
PHONÉTIQUE Les sons [ə] et [e]		23

UNITÉ 3

Bienvenue au premier Salon de la voile de La Trinité.

Quelques messages		25
	Plan du Salon de la voile	26
Quelqu'un demande son chemin		26
Pour demander son chemin. Pour indiquer le chemin		26

🎧	Yannick Le Bihan et l'hôtesse		27
		Quelques objets perdus	27
		Le jeu de la bataille navale	27
		La valise de Marion Dupuis	28
📢	Imitez l'intonation (étonnement)		28
▷	L'impératif		29
⚓	Pour dire à quelqu'un de faire quelque chose		29
🎧	Dialogues correspondant aux situations	«Il vient de...», «il va...», quelques situations et quelques dialogues	30-31
	AMARRAGES		32
🎧	**PHONÉTIQUE** Les sons [ã], [ɔ̃], [ɛ̃]		33

UNITÉ 4

A table...

🎧	Yannick téléphone à son copain Jean-Jacques	Yannick Le Bihan a reçu trois lettres	35
			36
		La réponse de Y.Le Bihan au maire de La Trinité	36
⚓	Pour téléphoner		38
🎧	Y.Le Bihan téléphone à sa femme		38
		Plan de La Trinité	38
		L'agenda de Maryvonne	39
		Etes-vous superstitieux? Quelques dessins	39
🎧	Au restaurant de la Rade	La carte du restaurant de la Rade	40
▷	Déterminants et partitifs		40

		Article de presse: les conseils d'Anne-Marie Blanc, diététicienne	41
		Photos de trois clients	41
	Imitez l'intonation (appréciation)		42
	Pour dire ses préférences. Pour commander au restaurant ou au café. Pour payer		42
		Bande dessinée	43
	AMARRAGES		44
	PHONÉTIQUE Les sons [œ] et [ø]		45

BILAN 1

▷	Pour choisir un déterminant		47
		Poème	47
▷	Pour construire une phrase négative		47
		Image publicitaire	47
▷	Pour connaître le genre des noms		48
		Articles de dictionnaire	48
▷	Pour utiliser les noms au singulier ou au pluriel. Pour accorder les adjectifs		49
		Texte publicitaire	49
▷	Pour conjuguer les verbes		50
		Articles de dictionnaire, grammaire, précis grammatical	50
▷	Pour former une phrase interrogative. (Registres de langue)		51
	A la radio: quelques nouvelles régionales		52
		Article de presse: «C'est Miss Danemark...»	53
	Texte de l'article enregistré		53
		Plan d'accès pour se rendre à une invitation	54
		Dessin humoristique	55

ESCALE 1

Spécial jeunes
Les profs, les parents, l'école, l'amour, l'amitié, la mode, la musique

COMMENT ILS PARLENT...

	Courrier des lecteurs	**58**
	Petit lexique «branché»	**58**

COMMENT ILS S'HABILLENT...

	Article: «La Punkette»	**59**
	Photo: quelques punks	**59**
	Dessins: le Minet-minet, la «Loden»	**60**
	Bande dessinée	**60**

CE QU'ILS PENSENT DE L'AMITIÉ ET DE L'AMOUR...

	Courrier des lecteurs	**61**

SEXE FAIBLE? ... SEXE FORT? ...

	Courrier des lecteurs, images publicitaires	**62**
Interview: le judo au féminin		**62**

COMMENT ILS VOIENT L'ÉCOLE...

	Schéma: le système scolaire français	**63**
	Sondage: les lycéens français et leurs professeurs	**63**
	Article de presse: verdict	**64**

ÉTAPE 2

UNITÉ 5

Qu'est-ce qui s'est passé?

Au bureau du port		67
	Plan du port de La Trinité. Liste des concurrents	67
Le passé composé de l'indicatif		68
Imitez l'intonation		68
	Poème: «Être et disparaitre»	69
	Programmes de télévision	70
	Quatre photos, quatre déclarations	71
L'expression de la cause		71
	Article de presse: «Thalassa, la mer à voir»	72
Les formes de l'imparfait de l'indicatif		72
L'imparfait de l'indicatif		72
	Dessin	73
Communication radio entre le marin du Goéland et son frère		73
	Dessin et dialogue	74
Dialogue enregistré		74
	Il faut... il ne faut pas...: dessins, slogans et interdictions	75
Il faut... il ne faut pas...: pour dire de ne pas faire		76
	Autrefois... aujourd'hui: photo	77
AMARRAGES		78
PHONETIQUE Les sons [l] et [r]		79

UNITÉ 6

Comment ça va?

Avec les concurrents de la course, écoutons la radio		81
	Quelques titres de journaux	81
Les propositions relatives introduites par «qui» et «que»		82
	Article de presse: «Jean-Marc Leclerc raconte l'accident dont il a été victime»	82
Comment ça va? Pour exprimer un état d'âme ou une sensation physique		83
Jean-Marc Leclerc est transporté à l'hôpital		85
Imitez l'intonation		85
	Un télégramme	85
Un texte à écouter		87
Imitez l'intonation		88
	Dessins et photos: quelques accidents	88
Conseils pour bien utiliser un dictionnaire		89
AMARRAGES		90
PHONÉTIQUE Les sons [s] et [z]		91

UNITÉ 7

Parlons de sport.

Parlons de sport		93
Les degrés de l'adjectif: le comparatif		94
	Article de presse: «La tragédie de Bruxelles»	94
	Petites annonces: recherche d'un correspondant	95
Imitez l'intonation		96
Les degrés de l'adjectif: le superlatif		96
	Dessin publicitaire	96
	Texte: «Les nouveaux records»	97

Feuilleton:
La bouteille à la mer,
une passionnante histoire de chasse au trésor.

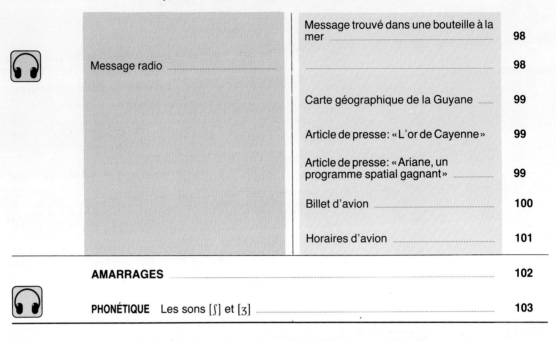

Message radio	Message trouvé dans une bouteille à la mer	98
		98
	Carte géographique de la Guyane	99
	Article de presse: «L'or de Cayenne»	99
	Article de presse: «Ariane, un programme spatial gagnant»	99
	Billet d'avion	100
	Horaires d'avion	101

AMARRAGES		102
PHONÉTIQUE Les sons [ʃ] et [ʒ]		103

UNITÉ 8

Partir.

	Dépliant publicitaire: le Québec, la Réunion	105
	Dépliant publicitaire: la Belgique, le Sénégal	106
	Carte du monde	107
Quatre familles françaises parlent de leurs vacances	Sondage d'opinion	108
Pour dire ce qu'on a envie de faire		108
L'adjectif interrogatif «quel»		109
	Quelques titres de journaux	109
Le jeu de l'itinéraire magique		110
Imitez l'intonation	Quelques jeux télévisés	111

Feuilleton:
La bouteille à la mer,
une passionnante histoire de chasse au trésor (deuxième épisode)

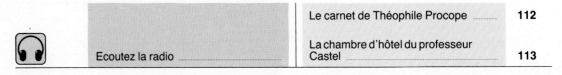

	Le carnet de Théophile Procope	112
Ecoutez la radio	La chambre d'hôtel du professeur Castel	113

AMARRAGES			**114**
🎧 **PHONÉTIQUE** Les sons [k] et [g]			**115**

BILAN 2

▷	Pour conjuguer un verbe à l'imparfait ou au passé composé		**117**
▷	Pour construire une phrase interrogative		**118**
		Disney découverte	**118**
		Article de presse	**119**
▷	Pour enrichir le groupe du nom		**119**
▷	Pour exprimer les degrés de l'adjectif		**119**
🎧	Bulletin d'informations régionales	Titres de journaux, extraits de presse, slogans publicitaires	**120-21**
			122
		Carte marine	**122**
		Article de presse: «Voir New York et courir»	**123**
		Article de presse: «Ahmed Saleh craque dans Central Park»	**124**
		Au cinéma: photo, présentation de films	**125**

ESCALE 2

Mystères...

Quel est notre passé?
D'où venons-nous?
Quel avenir pour notre planète?
Où allons-nous?

LES NOUVELLES ÉNIGMES DE L'UNIVERS Quel est le sens du monde et la place de l'homme dans l'univers?		
	Quatrième de couverture: «De l'univers à nous»	**128**
	Dessin publicitaire	**128**
LES EXTRA-TERRESTRES EXISTENT-ILS? LES NOUVELLES ÉNIGMES.		
	Affiche	**129**

IL Y A DES MYSTÈRES QUI NOUS VIENNENT DU PASSÉ.

Photos	130
Couverture: «Le mystère de la grande pyramide»	130

LES FRANÇAIS ET LA SCIENCE: L'AUTRE INSÉCURITÉ

Sondage	131
«La tragédie de Challenger»	131

HELLO, HALLEY!

Dessin et interview	132

ÉTAPE 3

UNITÉ 9

Quelle heure est-il? Quel temps fait-il?

🎧	Conversation téléphonique		137
⚓	Pour demander le prix de quelque chose		137
📢	Imitez l'intonation	Au marché: photo	137
		Carte de France	138
		Article de presse: «La météo de l'été»	139
▷	Le futur de l'indicatif		140
		Article de presse: «Adieu l'été, bonjour l'hiver!»	141
		Plan des arrondissements de Paris	141
		Carte météo	142
🎧	Dialogue à la gare Saint-Lazare		143
📢	Imitez l'intonation		143
⚓	Pour s'excuser. Pour protester		143
		Pour fabriquer une montre ou une horloge: fiche technique	144
		Photo: l'horloge de la gare Saint-Lazare	145

AMARRAGES 146

🎧 **PHONÉTIQUE**   Les sons [p] et [b] 147

UNITÉ 10

C'est l'heure de l'horoscope.

🎧 Ecoutez la radio: c'est l'heure de l'horoscope		149
	Texte: «Faut-il croire aux horoscopes?»	150
⚓ Pour organiser un débat		150
	Article de presse: «La vie en rose, rêver en couleurs»	151
▷ Les propositions relatives introduites par «dont» et «que»		151
🎧 Interview d'A. Luond	Photos	152
	Les lignes de la main (dessin)	152
	Article de presse: «Les lignes de la main»	153
	Publicité	154
	Portrait de famille	155
Imitez l'intonation		155
	Titres et slogans	156-57

AMARRAGES 158

🎧 **PHONÉTIQUE**   Les sons [f] et [v] 159

UNITÉ 11

Quel avenir vous attend?

	Présentation de la cité de La Villette	161
▷ L'expression de la négation		161

Interviews: L'avenir, c'est quoi pour vous?			162
Quand vous songez à l'avenir, que ressentez-vous en premier lieu?			163
Pour exprimer la comparaison			163
Comment décrire un objet ou une personne?			164
	Quelques objets introuvables		165
Comment présenter les résultats d'une enquête?			166
	Dépliant de présentation d'un film		167
Imitez l'intonation			167
AMARRAGES			168
PHONÉTIQUE Les sons [t] et [d]			

UNITÉ 12

L'arrivée de la course.

Radio-Océan: bulletin d'informations	Carte géographique		171
	Portofino: guide touristique		172
	Présentation publicitaire d'un livre		173
L'emploi de «en» et de «y»			173
Maryvonne Le Bihan et Laurence Hargot sont venues à l'arrivée de la course			174
Imitez l'intonation			174
	Les concurrents de la course		175
	C'est la fête		176-77
AMARRAGES			178
PHONÉTIQUE Les sons [w], [j], [ɥ]			179

BILAN 3

Pour conjuguer un verbe au futur		**181**
	Courrier des lecteurs	**181**
Pour exprimer la cause et le temps		**182**
Le jeu du dauphin		**183-86**

ESCALE 3

Vivement les vacances!
Le farniente... La France insolite

	Dépliants publicitaires	**188**
	Lettre	**189**
	Carte postale	**189**
	Article: «Pour vos vacances, choisissez un quatre cafetières»	**190**
	Article: «Au fil de l'eau»	**190**
	Couvertures de guides touristiques	**191**
Précis grammatical		**193**

Bienvenue à bord...

Chers amis,

Ce livre de français, qui est destiné à vous accompagner pendant un certain temps, a été fait à votre intention.

Au fil des unités, il vous aidera à mieux comprendre les francophones lorsqu'ils parlent, à prendre la parole en français avec plus d'aisance. Vous pourrez exprimer vos opinions, vos sentiments, vos idées.
Vous trouverez aussi des conseils pour utiliser tous les outils indispensables (dictionnaire, grammaire…), pour mieux prononcer et mieux écrire.
Vous découvrirez différents documents qui témoignent de la vie quotidienne, de la civilisation de la France et de quelques pays francophones.

Pour que le voyage soit plus agréable, le premier volume vous fera suivre une course de voiliers entre la Trinité-sur-mer en Bretagne et Portofino. Dans le deuxième volume, vous embarquerez pour une croisière à travers le monde.

Nous fournissons les ancres, pour fixer les acquisitions importantes, les fanions, pour guider votre progression grammaticale… n'oubliez pas les gilets de sauvetage…

Dans chaque volume, votre voyage comprend trois étapes. Ces étapes sont elles-mêmes divisées en unités. A la fin de chaque étape, vous pourrez évaluer vos acquisitions et marquer vos progrès grâce aux bilans. Les escales qui suivent ces bilans élargiront vos horizons.
Dans le deuxième volume, ces escales marqueront vos rencontres avec des textes complets d'auteurs français d'époques différentes.
Nous n'avons oublié ni les jeux, ni les divertissements, ni les choses sérieuses. Et dans toutes ces activités, vous apprendrez l'autonomie et la créativité.

LEVEZ L'ANCRE!

étape 1

Le port de La Trinité

UNITE 1

• **Ecoutez.**

• **Ecoutez encore une fois, puis travaillez avec un camarade et répondez aux questions suivantes.**

Combien de personnes parlent?
Combien d'hommes?
Combien de femmes?

Les concurrents

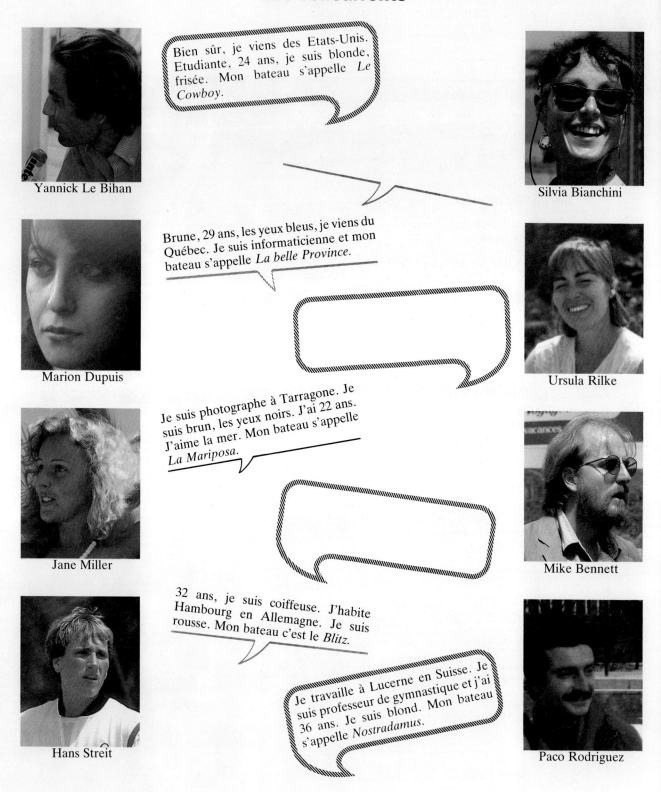

Bien sûr, je viens des Etats-Unis. Etudiante, 24 ans, je suis blonde, frisée. Mon bateau s'appelle *Le Cowboy*.

Yannick Le Bihan

Silvia Bianchini

Brune, 29 ans, les yeux bleus, je viens du Québec. Je suis informaticienne et mon bateau s'appelle *La belle Province*.

Marion Dupuis

Ursula Rilke

Je suis photographe à Tarragone. Je suis brun, les yeux noirs. J'ai 22 ans. J'aime la mer. Mon bateau s'appelle *La Mariposa*.

Jane Miller

Mike Bennett

32 ans, je suis coiffeuse. J'habite Hambourg en Allemagne. Je suis rousse. Mon bateau c'est le *Blitz*.

Je travaille à Lucerne en Suisse. Je suis professeur de gymnastique et j'ai 36 ans. Je suis blond. Mon bateau s'appelle *Nostradamus*.

Hans Streit

Paco Rodriguez

- **Lisez en silence le texte des bulles, cherchez la photo correspondante et reliez-les par une flèche.**

- **Maintenant à vous!**
  Un élève lit à haute voix le texte d'une bulle et demande à un autre élève: Qui suis-je?

  Ex.:   *J'ai 30 ans, je suis roux, j'ai les yeux verts. Je suis dentiste à Londres. Mon bateau c'est le Rocker. Qui suis-je?*
  ou   *Mike Bennett, le concurrent numéro 3.*
         Tu es Mike Bennett, le concurrent numéro 3.

- **Ecoutez encore l'enregistrement et cherchez les erreurs!
Mettez une croix quand l'information est vraie.**

Nom Prénom	Le Bihan Yannick	Bianchini Silvia	Bennett Mike
Homme ou Femme	femme	femme	homme
Profession	ingénieur	étudiante	dentiste
Age	50 ans	28 ans	30 ans
Nationalité	française	espagnole	américaine
Nom du bateau	La Rose des vents	Cowboy	Rocker

- **Ecoutez encore une fois et corrigez les erreurs.**

- **Maintenant vous pouvez remplir les trois bulles qui restent vides à la page précédente.**

- **Si vous le voulez, vous pouvez fabriquer une autre grille pour les autres concurrents et vous pouvez la compléter par groupes de deux.**

OBSERVEZ, COMPAREZ

Le dictionnaire peut vous aider à trouver le féminin d'un adjectif et sa prononciation:

elle est brune   il est brun

brun, e [brœ̃, bryn] adj. D'une couleur foncée, intermédiaire entre le jaune et le noir : *La bière brune est plus alcoolisée que la bière blonde. Avoir le teint brun.* ◆ adj. et n. Qui a les cheveux de couleur foncée : *Une femme brune* (distinct du *châtain, du blond, du roux, etc.). C'est une petite brune aux yeux noirs.* ◆ **brun** n. m. Cette couleur elle-même (peut être suivi d'un adj. qui précise la teinte dominante) : *Un brun foncé, un brun rouge.* ◆ **brunâtre** adj. Qui tire sur le brun : *La terre de l'Ombrie est brunâtre.* ◆ **brunette** n. f. Jeune femme brune. ◆ **brunir** [brynir] v. tr. Rendre brun (souvent au passif) : *Le soleil de la Méditerranée l'avait fortement bruni. Il est revenu bien bruni de ses vacances* (syn. : BRONZÉ). ◆ v. intr. et **se brunir** v. pr. Devenir brun : *Elle cherche à brunir en restant de longues heures sur la plage* (syn. : BRONZER). ◆ **brunissement** n. m. : *Le brunissement de la peau.*
1. brusque [brysk] adj. (presque toujours après le nom). Se dit d'une personne (ou de sa conduite)

roux, rousse [ru, rus] adj. et n. Qui est d'une couleur entre le jaune et le rouge : *Avoir la barbe rousse. Avoir des taches rousses sur la peau. Des cheveux d'un roux ardent.* ‖ *Lune rousse,* lune d'avril. ◆ adj. et n. Qui a les cheveux roux : *Un homme roux. Une jolie rousse.* ◆ **roux** n. m. Sauce faite avec de la farine roussie dans du beurre. ◆ **roussâtre** adj. Qui tire sur le roux : *Une chevelure roussâtre.* ◆ **rousseur** n. f. 1° Qualité de ce qui est roux : *La rousseur de la barbe.* — 2° *Tache de rousseur,* tache rousse qui apparaît sur la peau, surtout au visage et aux mains. ◆ **roussir** v. tr. *Roussir quelque chose,* le faire devenir roux, et spécialement en brûlant légèrement, superficiellement : *La gelée a roussi l'herbe. Roussir du linge en le repassant.* ◆ v. intr. Devenir roux : *Les feuilles des arbres commencent à roussir et à tomber.* ◆ **roussi** n. m. 1° Odeur d'une chose brûlée superficiellement : *Un plat qui sent le roussi.* — 2° (sujet nom désignant une affaire, une situation) Fam. *Sentir le roussi,* prendre une mauvaise tournure.

Complétez.

Elle est	Il est
allemande	_____
_____	français
québécoise	_____
_____	anglais
américaine	_____
italienne	_____
rousse	roux
jolie	_____
_____	suisse ′

- **Regardez les photos de la page précédente et complétez par groupes de deux:**

Nº 1: Le concurrent français, Yannick Le Bihan, est brun.

Nº 2: La concurrente_____

Nº 3:_____

Nº 4:_____

Nº 5:_____

Nº 6:_____

Nº 7:_____

Nº 8:_____

«J'AI DEUX AMOURS: L'ORDINATEUR ET LA MER»

De notre correspondant

Brune, jolie, les yeux bleus, Marion Dupuis, 29 ans, est la plus «masculine» de tous les concurrents. En effet, elle est à la fois informaticienne et marin. Pourquoi ces deux professions?

Nous avons posé cette question à la concurrente canadienne. Il faut dire qu'elle se sent tout d'abord québécoise et francophone, ce qui n'est pas facile en Amérique du Nord.

Le Québec, c'est la «belle province», tout comme son bateau. Et pour Marion, la mer c'est la liberté. Prendre le large...

Quant à sa profession, elle l'a choisie parce que pour elle l'ordinateur c'est l'avenir.

Ce qui passionne Marion dans son travail c'est que l'ordinateur fait tout ce qu'on lui demande: il ne va pas plus loin que l'homme, il va plus vite.

Jacques Pagès

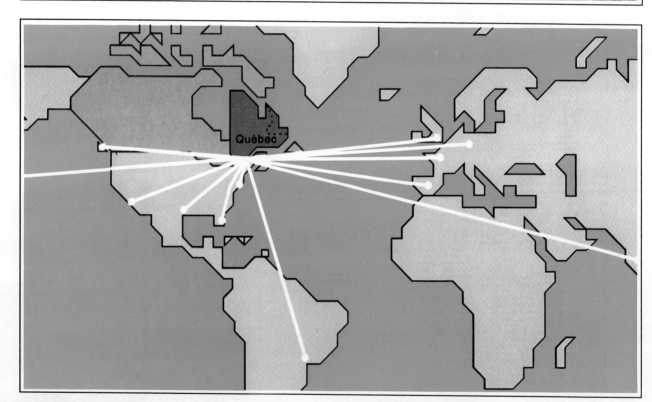

• **Indiquez si ces affirmations sont vraies (v) ou fausses (f) ou si elles ne se trouvent pas dans le texte (Ø).**

	vrai	faux	Ø
Marion Dupuis habite aux Etats-Unis.	☐	☐	☐
Elle parle français.	☐	☐	☐
Elle dit qu'il est difficile d'être québécoise.	☐	☐	☐
Elle aime la mer.	☐	☐	☐
Elle dit que l'ordinateur va plus vite que l'homme.	☐	☐	☐

• **Comparez vos réponses avec celles de vos camarades et justifiez-les.**

• **Voulez-vous en savoir plus?**
  Cherchez dans un dictionnaire encyclopédique des informations supplémentaires sur le Québec ou sur les ordinateurs.
  Prenez des notes et parlez-en à vos camarades.

- **Vous êtes le journaliste, vous interrogez Marion Dupuis ou un autre concurrent et vous le présentez au micro de Radio Océan.**
  Prenez des notes sur votre bloc-notes.

- **A tour de rôle faites cette présentation devant vos camarades.**

VOUS	TU
Comment vous appelez-vous?	Comment t'appelles-tu?
(Quel est) votre nom?	Comment tu t'appelles?
	(Quel est) ton nom?
Quel âge avez-vous?	Quel âge as-tu?
Vous avez quel âge?	Tu as quel âge?
Votre âge?	Ton âge?
(Quelle est) votre nationalité?	(Quelle est) ta nationalité?
(Quelle est) votre profession?	(Quelle est) ta profession?

Vous ne comprenez pas? Dites...

— *Pardon, vous pouvez répéter?*

— _____

— *Merci!*

 • **Ecoutez et complétez.**

	Homme	Femme	Profession
1			
2			
3			
4			
5			
6			
7			
8			

• **Jouez. Interrogez vos camarades pour savoir quelle est la profession des différents personnages.**

Claude Mazo
Céline
Marie Guizan
Elisabeth Monfort
Jeanne Chamblay
Annie Sicard
Nadine Dupont

 • **Ecoutez et imitez.**

Chers auditeurs, bonjour.	/	Chers concurrents, bonjour.
C'est un vrai marin.	/	C'est le Mimosa.
Vous êtes prêts?	/	Vous êtes italienne?
Comment vous appelez-vous?	/	Vous pouvez répéter?
Je suis anglaise.	/	Je suis secrétaire.
Dites-moi quand elle part.	/	Quand tu viens, appelle-moi.

• **Lisez ces phrases.**

Faites attention: certains mots sont liés au mot qui suit (liaison). A chaque fois que vous faites une liaison, marquez-la.   Ex.: *chers amis*

• **Lisez ces titres à haute voix. A chaque fois que vous faites une liaison, marquez-la: ‿**

● **Ecoutez et imitez.**

    – C'est Silvia?
    – Bien sûr, c'est Silvia!
    – Qui?
    – Silvia Bianchini.
    – Silvia Bianchini?
    – Mais oui, la concurrente italienne!

● **Lisez et imitez l'intonation.**

● **Par groupes de trois, choisissez un autre concurrente et jouez de nouveau ce dialogue:**

    – C'est...?
    – Bien sûr, c'est...

● **Lisez.**

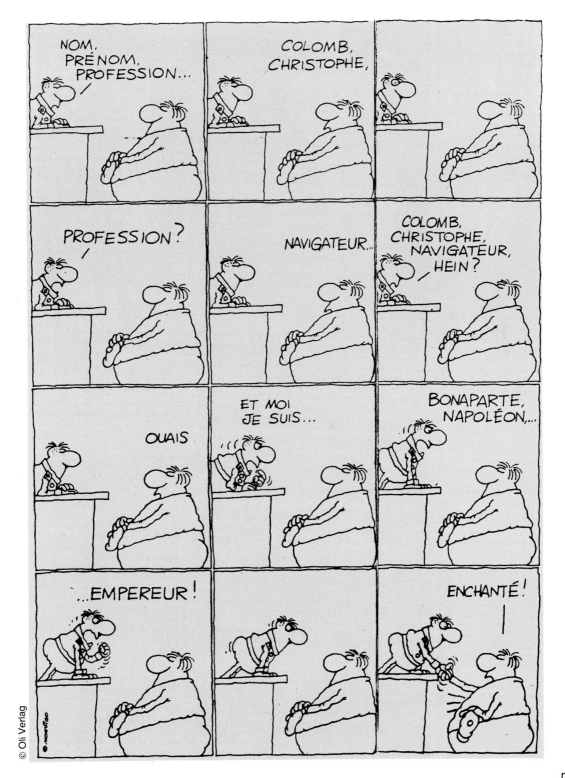

• **Choisissez un personnage célèbre et jouez la scène représentée dans la bande dessinée, page 9.**

Jacques Brel
chanteur

Catherine Deneuve
actrice

Charles de Gaulle
*général
homme politique*

Françoise Giroud
journaliste

Michel Platini
footballeur

• **Si on jouait?**

On prépare le jeu:

La classe se divise en trois groupes A, B, C. Chaque élève choisit en secret un personnage célèbre, sa profession et sa nationalité.

On joue:

Le groupe A commence. Le premier élève se présente: «Je m'appelle Christophe Colomb, je suis navigateur et je suis italien».
Le deuxième élève continue: «Il s'appelle Christophe Colomb, il est navigateur et il est italien. Moi, je m'appelle... je suis...».
Les groupes B et C sont les arbitres. Le groupe B note les erreurs de langue et le groupe C les erreurs dans l'ordre ou le nom des personnages.
Puis c'est le tour du groupe B; A et C sont arbitres, etc.
Vous êtes prêts?

Pour compter les erreurs, vous pouvez utiliser le tableau suivant:

	A	B	C
Erreurs de langue			
Erreurs dans le jeu			
Total			

QUI A GAGNÉ?
LE GROUPE QUI A FAIT LE MOINS D'ERREURS!

- **Regardez attentivement cette publicité.**

  Qui est Achille?

  Quelle est sa profession?

- **Sur ce modèle, créez vous aussi une publicité pour un produit imaginaire. Utilisez des photos découpées dans les journaux, des dessins...**

1. Posez les bonnes questions.

C'est le festival de Cannes, un journaliste interroge quelques personnes dans la rue. Retrouvez ses questions et complétez le dialogue.

– _____? – Je suis allemande.   – _____? – Cameraman.

– _____? – Gisela Werner.   – _____? – Je suis brésilien.

– _____? – Je suis interprète.   – _____? – César da Silva.

– _____? – 24 ans.

2. Cherchez le verbe.

Cherchez les verbes dans les consignes des pages 3 à 10: *écouter* (page 3), *répondre* (page 3), *lire* (page 4), *mettre, pouvoir, vouloir* (page 5), *trouver* (page 6), *être, faire* (page 7), *choisir* (page 10).
Dessinez un tableau sur le modèle ci-dessous et recopiez la phrase dans laquelle le verbe se trouve.

Verbe	Page	Phrase
écouter	3	*Ecoutez encore une fois, puis ...*

3. Mettez de l'ordre.

Présentez Bertrand Marsy et Patricia Gomez.

il est   directrice d'école   grande   petit   employé de banque   mince   jolie   le dessin
les voyages   il aime   elle a   brun   les yeux bleus   beau   les yeux noirs   elle aime   rousse
il a   frisée   français   espagnole   elle a   grande   elle est

«Bertrand Marsy est..., il... / Patricia Gomez est..., elle...»

Puis inversez les rôles: «Patricia Gomez est petite... / Bertrand Marsy est grand...»

4. Traitez les informations.

Vous êtes journaliste et vous écrivez un court article pour présenter Hervé Mornay. Utilisez toutes les informations proposées et rédigez votre article sur le modèle de la page 6: «J'ai deux amours : les voitures et la mer.»

Nom : MORNAY
Prénom : Hervé
Nationalité : française
Date de naissance : 27/6/1967
Lieu de naissance : Bordeaux
Sexe : masculin
Domicile habituel : Toulon
Profession : mécanicien automobile
Taille : 1m75
Yeux : gris
Cheveux : blonds
Signes particuliers : néant

Beau jeune homme, mince, sportif son bateau s'appelle "Le Goéland" Il aime les voitures de course, la vitesse et la mer !

5. A vos dictionnaires!

Prenez votre dictionnaire français et cherchez 5 adjectifs qui peuvent servir à décrire une personne et qui commencent par les lettres suivantes: A - C - P - R - V. Notez leur définition et leur forme au féminin et au masculin.

	Féminin	Masculin	Définition
A			

6. La fabrique d'exercices.

En classe, mettez en commun tous les adjectifs, choisissez-en quelques-uns et rédigez le portrait d'un personnage connu.

LES SONS [i], [u] ET [y]

Le son [i] est facile à prononcer.
Attention! Ne confondez pas les sons [i] et [y], et les sons [y] et [u].
Un changement de son entraîne un changement de sens.
Exemple: [i] **rit** = 3ᵉ personne, singulier, du présent de l'indicatif du verbe «rire».
[u] **roue** (n.f.) = objet plat et circulaire, qui tourne autour d'un axe.
[y] **rue** (n.f.) = voie publique aménagée dans une agglomération.

POUR FAIRE LE POINT

- **Ecoutez et mettez une croix dans la bonne case. Si vous entendez deux des sons du tableau dans le même mot, vous mettez deux croix.**
- **Ecrivez ensuite les mots que vous avez entendus.**

	[i]	[u]	[y]
1			
2			
3			
4			
5			
6			
7			
8			

- **Ecoutez et mettez une croix dans la case qui convient:**
  = s'il s'agit du même mot,
  ≠ s'il s'agit de mots différents.

	=	≠
1		
2		
3		
4		
5		
6		
7		
8		

- **Pour vous délier la langue, amusez-vous à réciter cette comptine traditionnelle.**

  Une poule sur un mur
  qui picote du pain dur
  picoti picota
  lève la queue et puis s'en va.

- **Lisez à voix haute.**

  Avez-vous vu dans la rue du Four une voiture qui n'a plus de roues?

  Tu es de retour? As-tu trouvé l'amour fou sur la côte d'Azur? Pourvu que ça dure!

POUR BIEN PRONONCER LE SON [y]

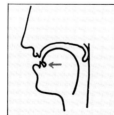

[i]

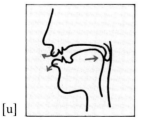

[u]

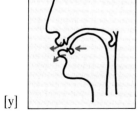

[y]

Faites semblant de prononcer le son [i] : les dents sont légèrement écartées (les lèvres sont à peine entrouvertes); la pointe de la langue est contre les incisives inférieures.
Attention! En français, le son [i] est prononcé très antérieurement.

Gardez la langue dans cette position.
Avancez les lèvres comme quand vous prononcez [u].

Faites le plus rapidement possible ces mouvements : vous arrivez ainsi à prononcer le son [y].

Attention à ne pas faire entendre les deux sons successivement : [i] et [u]!

UNITE 2

● **Ecoutez.**

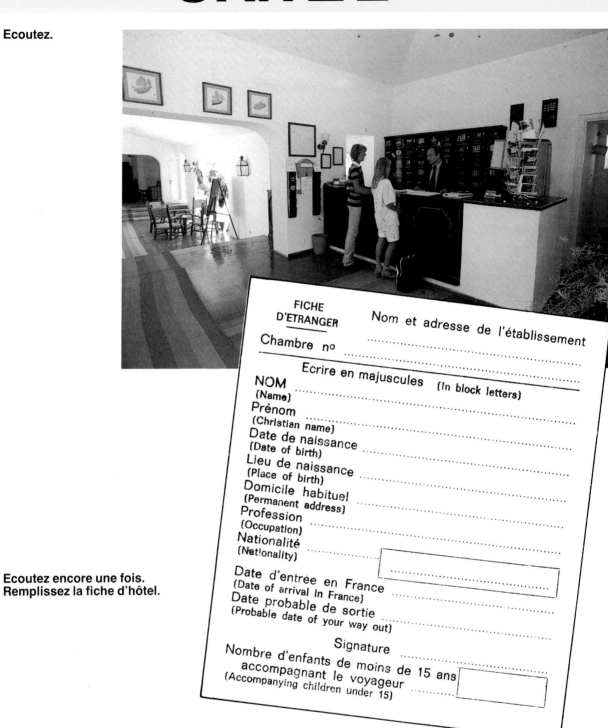

```
          FICHE
        D'ETRANGER      Nom et adresse de l'établissement
        ─────────
     Chambre n°      ..............................................
                                              ....................
                  Ecrire en majuscules   (In block letters)
     NOM   .........................................................
     (Name)
     Prénom  ........................................................
     (Christian name)
     Date de naissance  ..............................................
     (Date of birth)
     Lieu de naissance  ..............................................
     (Place of birth)
     Domicile habituel  ..............................................
     (Permanent address)
     Profession  ....................................................
     (Occupation)
     Nationalité  ┌──────────────────────┐
     (Nationality) │                      │
                   └──────────────────────┘
     Date d'entrée en France  .......................................
     (Date of arrival In France)
     Date probable de sortie  .......................................
     (Probable date of your way out)
                              Signature  .............................
     Nombre d'enfants de moins de 15 ans ┌─────────────────┐
        accompagnant le voyageur         │                 │
     (Accompanying children under 15)    └─────────────────┘
```

● **Ecoutez encore une fois.**
  Remplissez la fiche d'hôtel.

Pour demander l'adresse		Quand on se rencontre	
		VOUS	**TU**
VOUS	**TU**	Bonjour, Monsieur	Salut!
		Madame	Salut Pierre!
Votre adresse s'il vous plaît?	Ton adresse s'il te plaît?	Mademoiselle.	
Où habitez-vous?	Où habites-tu?		
Vous habitez où?	Tu habites où?	Au revoir, Monsieur	Au revoir Pierre.
Est-ce que vous habitez en France?		Madame	
		Mademoiselle.	

● **Par groupes de deux, créez un dialogue entre le réceptionniste de l'hôtel et un concurrent.**

● **Voici les cartes de visite de deux personnages que vous avez rencontrés page 10.
Ils ont laissé un message qui a un rapport avec leur profession.
Choisissez vous aussi un autre personnage et créez sa carte de visite.**

Charles de Gaulle
général, homme politique

vive la France!

Catherine Deneuve
actrice

film avec Belmondo

● **Lisez le message que vous avez inventé sans donner le nom du personnage.
Vos camarades doivent deviner le nom et la profession de ce personnage.**

OBSERVEZ ET COMPAREZ

Ecoutez d'abord...

<u>Combien de fois</u> avez-vous entendu le verbe *habiter*?
<u>Combien de formes différentes</u> avez-vous *entendues*?

Observez maintenant; regardez comment ces formes s'écrivent:

Moi, j'habite Hambourg.
Est-ce que tu habites Hambourg?
Ursula habite Hambourg.
Ses parents habitent aussi Hambourg.

Nous n'habitons pas Hambourg.
Vous n'habitez pas Hambourg.

30 ▷

• Nous avons relevé dans les premières pages du manuel quelques verbes conjugués à différentes personnes.
En vous aidant du précis grammatical, écrivez dans chacune des cases vides une phrase courte à la personne qui convient.

	Je 1	Tu 2	Il/Elle/On 3	Nous 4	Vous 5	Ils/Elles 6
Travailler	Je travaille en Suisse.					
Jouer			On joue.			
S'appeler			Mon bateau s'appelle Le *Blitz*.			
Parler						Combien de personnes parlent?

• Tous les verbes français ne sont pas aussi faciles à conjuguer! A chaque fois que vous hésitez, allez voir dans le précis grammatical les conjugaisons des verbes.

	Je 1	Tu 2	Il/Elle/On 3	Nous 4	Vous 5	Ils/Elles 6
Avoir	J'ai 22 ans.					
Être	Je suis blonde.		Elle est informaticienne.		Vous êtes prêts?	Les groupes B et C sont les arbitres.
Vouloir					Voulez-vous en savoir plus?	
Pouvoir			Le dictionnaire peut vous aider.		Vous pouvez remplir les bulles.	
Aller	Je vais gagner.		Qui va gagner?		Comment allez-vous?	

• Ecoutez et écrivez le bon numéro dans la case qui convient.

	VOUS	TU
Présenter quelqu'un		
Demander quelque chose		
Saluer		
Prendre congé		

Vivez le week-end de vos rêves

Vous travaillez trop?
Vous aimez le sport?
Vous ne sortez jamais?
Vous ne dormez pas assez?

Partez donc.... *à la montagne...*
Pour vivre l'ivresse
des descentes enneigées.

3

1

2

à la campagne...
Pour vous reposer dans le
calme de la nature.

à la mer...
Pour retrouver le soleil
et les plaisirs de la plage.

en ville...
Pour passer une soirée
au théâtre ou dans un
restaurant à la mode.

4

Qui va où et pourquoi?

Tous ces gens désirent partir en week-end
à la montagne, à la mer, à la campagne ou
à la ville. Que leur conseillez-vous?

- **Marquez sur chaque photo le numéro correspondant au lieu que vous avez choisi.**

- **Expliquez à vos camarades pourquoi vous avez fait ce choix.**

  Ex.: Le monsieur seul _____ parce qu'il _____.

- **Vous êtes le responsable de l'agence «Bon voyage». L'une de ces personnes vient vous voir pour partir en week-end.**

- **Préparez ce dialogue avec un de vos camarades, puis jouez-le devant la classe.**

  - Vous le saluez et vous lui demandez ce qu'il désire.
  - Pour mieux connaître votre client, vous lui posez des questions.
  - Vous lui donnez un conseil, il n'est pas d'accord avec vous. Vous cherchez donc toutes les raisons possibles pour le convaincre.

Pour donner un conseil

- Je vous conseille de (partir à...)
- Vous pouvez (partir à...)

Pour dire qu'on n'est pas d'accord

- Je ne suis pas d'accord.
- Ah, non, pas (la montagne)!
- Je n'aime pas...

Pour dire pourquoi on n'est pas d'accord

- Je n'aime pas (la montagne).
                (faire du ski).

- **Ecoutez.**

- **Ecoutez une deuxième fois et complétez la grille.**

Qui connaît qui?	Vrai	Faux	On ne sait pas
Marion connaît la concurrente allemande. Ursula connaît le concurrent français. Le concurrent français connaît Marion. Yannick connaît la concurrente allemande. Ursula connaît la concurrente italienne. Silvia connaît le concurrent français.			

- **Ecoutez, lisez et imitez l'intonation.**

– Salut, Daniel, comment ça va?
– Et toi?
– Ça va.
– Je te présente Catherine.
– Enchanté.
– Bonjour.
– On va boire un verre ensemble?
– D'accord.

Vous rencontrez quelqu'un

	VOUS	TU
	Comment allez-vous?	Comment vas-tu?
	Bien, ça va.	
	Et vous?	Et toi?
	Je vous présente...	Je te présente...
	Enchanté (e).	

- **Que disent ces personnages? Ecrivez-le dans les bulles.**

journal de bord

SIX FEMMES DANS LA COURSE!

PORTOFINO - LA TRINITÉ
vingt bateaux
au départ:
qui va gagner?

De Portofino à La Trinité
15 jours d'attente.

Silvia et son bateau
une histoire d'amour

«JE VAIS GAGNER»
déclare Jane Miller

Comment faire pour battre
la concurrente américaine?

28 ans, italienne, brune, jolie,
Silvia Bianchini est prête pour
la course.

Secrétaire, étudiante,
coiffeuse, informaticienne..., elles
partent avec le sourire.

Voici les bateaux avant le départ.

Avant la course, les vingt
concurrents sont optimistes.

Yannick Le Bihan découpe les journaux pour ses amis.
• Aidez-le à mettre de l'ordre et recopiez les titres complets sur son journal de bord.

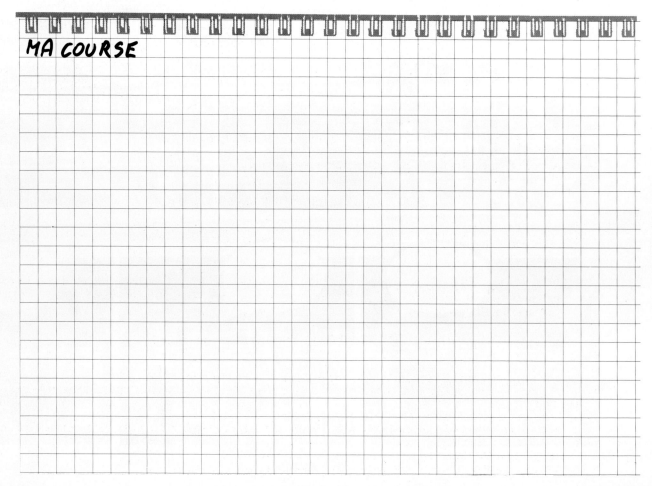

MA COURSE

Comprendre les Français
leurs gestes, leurs mimiques

- Regardez ces photos. A quelles phrases correspondent-elles selon vous?
  Reliez-les d'une flèche.
- Votre professeur vous dira quel est leur sens et leur valeur.

CONSEILS POUR ÉCOUTER ET COMPRENDRE

Quand vous entendez des gens qui parlent français, à la télévision, à la radio, dans un film, dans la rue, dans les textes enregistrés de votre manuel, souvent vous ne comprenez pas tout ce qu'ils disent.

Que faire alors?

A. D'abord, cherchez à trouver **combien** de personnes parlent: une, deux, trois ou plus...
   Est-ce que ce sont des **hommes** ou des **femmes**, jeunes ou âgés, adultes ou enfants?
   Sont-ils amis, collègues de travail, supérieurs, inférieurs...?
   Sont-ils contents, en colère, tendres...?

B. **Où** se trouvent-ils? dans la rue, dans un bureau, un magasin, à la maison...?

C. **De quoi** parlent-ils?

Si vous ne pouvez pas répondre à toutes ces questions, **ne vous arrêtez pas là!**
Vous avez sûrement une idée du **sens général**, même si vous ne comprenez pas tous les mots, même si les gens parlent vite.
Vous pouvez deviner le sens des mots inconnus grâce au **contexte!**
Si les gens qui parlent sont présents, vous pouvez leur demander de **répéter**, de vous donner des explications, ou de parler plus lentement.
S'il s'agit d'un passage enregistré, alors **écoutez plusieurs fois**.

Faites cet effort et vous allez voir que vous comprendrez de mieux en mieux.

1. Posez les bonnes questions.

A partir des informations suivantes, reconstituez l'interview sous forme de questions et de réponses.

CHRISTOPHE LAMBERT, QUI ÊTES-VOUS?

Nous avons rencontré Christophe Lambert dans sa chambre d'hôtel à Paris.
Ce jeune homme de 30 ans seulement est actuellement l'acteur français le plus connu et le plus demandé.
Citoyen du monde, il n'habite nulle part. De New York à Paris, de Genève à Palerme, il voyage au fil de son humeur.
Un sac avec des tennis et une vieille veste en tweed, un jean délavé et des chaussettes lui suffisent pour décider de changer d'air à la dernière minute.
Ce fils d'un ancien diplomate de l'O.N.U. et d'une psychologue a gardé ses anciens amis genevois qui sont aujourd'hui banquier, avocat ou agent immobilier.

2. Cherchez le verbe.

Cherchez les verbes suivants dans les consignes des pages 15 à 21:
remplir (page 15), *devoir* (page 16), *être, écrire* (page 17), *préparer* (page 18), *dire* (page 19), *découper* (page 20), *correspondre* (page 21).
Dessinez un tableau sur le modèle ci-dessous et recopiez la phrase dans laquelle le verbe se trouve.

Verbe	Page	Phrase
remplir	15	

3. Complétez.

«J'habite en Utopie... et eux, où habitent-ils?»

– Les Iraniens habitent en Iran.

– Les Chinois _____

– Les Portugais _____

– Les Belges _____

– Les Antillais _____

– Les Marocains _____

– Les Polonais _____

– Les Sénégalais _____

– Les Australiens _____

– Les Canadiens _____

– Les Cubains _____

4. Mettez de l'ordre.

Dans quelles situations pouvez-vous avoir les réactions suivantes?
Tracez une flèche pour les relier.

«Mon œil!»

«J'en ai par-dessus la tête!»

«Ça va pas la tête!»

«Super!»

«Na...na...na...»

«Bôf...»

1. Vous venez de voir un film que vous n'avez pas beaucoup aimé.

2. Un ami vous propose de partir avec lui faire le tour du monde. C'est un voyage qui coûte très cher et vous n'avez pas d'argent.

3. On vous annonce que vous avez la possibilité de rencontrer votre vedette préférée.

4. Pour la centième fois, vous dites à votre voisin que sa musique vous dérange.

5. Votre ami le plus paresseux vous promet de faire du jogging avec vous tous les matins à 6 heures et demie.

6. Votre petite sœur vous répète tous les jours que vous êtes trop vieux pour avoir votre permis de conduire. Vous venez juste de le réussir.

5. A vos dictionnaires!

Pouvez-vous trouver des mots de la même famille que «commander», «personne» et «informer»?

6. La fabrique d'exercices.

Préparez un dépliant publicitaire sur le modèle de la page 18.
Choisissez un lieu où vous avez envie de partir en vacances.

Affichez dans la classe tous les dépliants et votez pour élire le meilleur. Bon voyage!

LES SONS [ə] ET [e]

> Le son [ə] est souvent difficile à prononcer, surtout dans les mots d'une seule syllabe tels que :
> *le, me, que, se, te, ne, ce, de.*
> Attention! Ne confondez pas les sons [ə] et [e] : un changement de son entraîne un changement de sens.
> Exemple: [ə] **ne** = première partie de la négation.
>   [e] **nez** = partie du visage.
>
> Le passage de [ə] à [e] indique souvent le passage au pluriel.
> Exemple: **le** [lə] = article défini masculin.
>   **les** [le] = article défini pluriel.

POUR FAIRE LE POINT

- **Ecoutez et indiquez dans le tableau suivant s'il s'agit d'un singulier ou d'un pluriel.**
- **Ecrivez ensuite les mots que vous avez entendus.**

	Singulier		Pluriel	
1				
2				
3				
4				
5				
6				
7				
8				

- **Voici une liste de mots: si vous passez de [ə] à [e] vous obtiendrez des mots nouveaux.**
- **Retrouvez-les et dites quel est leur sens.**

1. ne   [nə] _____ [ne] _____
2. le   [lə] _____ [le] _____
3. me   [mə] _____ [me] _____
4. que [kə] _____ [ke] _____
5. se   [sə] _____ [se] _____
6. te   [tə] _____ [te] _____
7. ce   [cə] _____ [ce] _____
8. de   [də] _____ [de] _____

Ex.: ne = *première partie de la négation*
     nez = *partie du visage*

- **Préparez-vous à jouer ce petit dialogue avec un camarade.**

  – Tu as vu le chien d'Eléonore?
  – Le chien d'Eléonore? Les chiens, elle en a deux.
  – Comment sont-ils, ces chiens?
  – Petits, mal peignés...de véritables roquets.
  – Je me demande pourquoi Eléonore les adore!

POUR BIEN PRONONCER LE SON [ə]

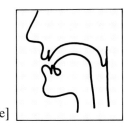

[e]

En partant du son [e], gardez la pointe de la langue contre les incisives inférieures.

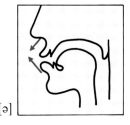

[ə]

Avancez et arrondissez un peu vos lèvres.
Vous arriverez à prononcer le son [ə].
Evitez de laisser tomber votre mâchoire, vous risqueriez de prononcer le son [o].

Je ris

Je ris
Tu ris
Nous rions
Plus rien ne compte
Sauf ce rire que nous aimons
Il faut savoir être bête et content

(Blaise Cendrars, *Au Cœur du monde*, Ed. Denoël)

UNITE 3

 Vous visitez le premier salon de la voile à La Trinité. Il y a beaucoup de monde et beaucoup de bruit! Ecoutez.

- **Combien de messages avez-vous entendus?**

 BIENVENUE AU PREMIER SALON DE LA VOILE DE LA TRINITÉ

- **A qui s'adressent-ils? Regardez la liste qui suit et écoutez de nouveau les messages. Vous indiquerez le numéro du message devant la personne à laquelle il est destiné.**

  - ... à madame Lesieur
  - ... à quelqu'un qui a perdu ses clés
  - ... au propriétaire d'une Citroën blanche
  - ... aux parents d'une petite fille blonde
  - ... à un agent de police
  - ... au propriétaire d'une voiture blanche 279 EFK 75
  - ... à un électricien
  - ... au propriétaire du sac rouge portant les initiales Y.L.B.
  - ... à la mère et au père du petit Marc
  - ... aux hôtesses

- **Pour contrôler si vous avez compris, l'un après l'autre vous lirez à voix haute votre réponse.**

  Ex.: *le premier message s'adresse à* _____
  le deuxième message _____
  le troisième _____

- **Ces messages invitent les gens à *faire quelque chose*. Ecoutez encore l'enregistrement et complétez.**

Attention à l'accord du verbe: il/elle doit
ils/elles doivent

1. _____ déplacer sa voiture.
2. _____ se présenter au stand B 12.
3. _____ se rendre au point de rencontre.
4. _____ se présenter au bureau des objets perdus.
5. _____ aller dans la salle de conférences.
6. _____ se présenter au stand F 5.
7. _____ se rendre au stand D 8.
8. _____ se présenter au bureau d'accueil.

- **Vous pouvez comparer vos réponses par groupes de deux. L'un pose la question, l'autre répond.**

  Ex.: – *Que doivent faire les parents de Marc?*
  – *Ils doivent se présenter au point de rencontre.*

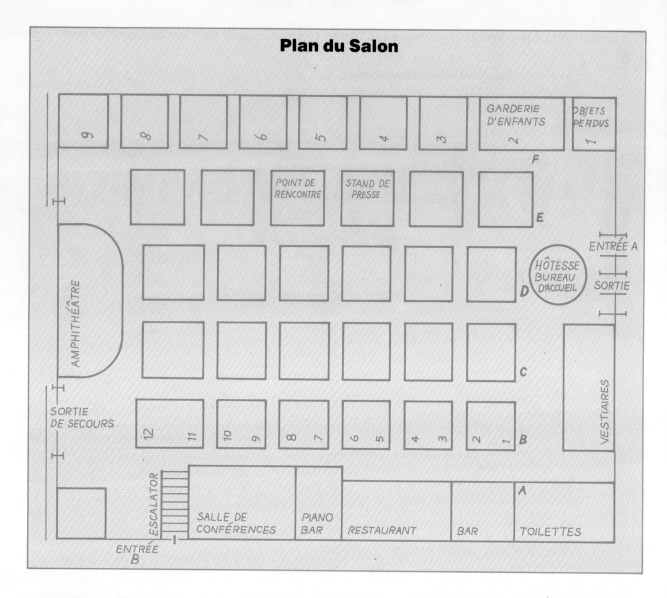

Plan du Salon

- **Regardez le plan du Salon de la voile. Pouvez-vous indiquer d'une croix l'endroit où doivent aller tous ces gens?**

- **C'est difficile de trouver son chemin dans cette foule! Ecoutez...**

AVEZ-VOUS LE SENS DE L'ORIENTATION?

- **Vous aussi vous allez demander votre chemin à l'hôtesse. Vous choisissez un message (3 - 4 - 6 - 7 ou 8) et, comme dans le dialogue que vous venez d'entendre, vous demandez votre chemin. Un camarade vous guide en se servant du plan du Salon.**

  Ex.: « *S'il vous plaît mademoiselle, on vient de m'appeler parce que...* »

- **Maintenant, vous choisissez l'endroit où vous avez envie d'aller et vous demandez votre chemin à l'hôtesse. Jouez le dialogue.**

Pour demander son chemin

S'il vous plaît monsieur, madame, mademoiselle
Pardon monsieur _____
       pouvez-vous m'indiquer (la sortie)?
       où se trouve (la sortie)?
       pourriez-vous me dire où est (la sortie)?

Pour indiquer le chemin

Tournez à droite.
            à gauche.
Allez tout droit.
Marchez jusqu'à (l'entrée).

C'est
- à gauche de (l'entrée).
- à droite de (l'entrée).
- à côté de (l'entrée).
- près de (l'entrée).
- devant (l'entrée).
- derrière (l'entrée).

• Ecoutez ce dialogue et mettez une croix à côté de ce que Yannick Le Bihan et l'hôtesse disent réellement.

YANNICK LE BIHAN

☐ demande un renseignement à l'hôtesse.
☐ vient chercher le sac qu'il a perdu.
☐ proteste parce qu'on lui a volé son sac.
☐ décrit le sac perdu.
☐ dit qu'il a déjà parlé à une autre hôtesse.

L'HÔTESSE

☐ dit qu'elle n'a pas retrouvé le sac de Y. Le Bihan.
☐ remercie Y. Le Bihan.
☐ lui fait une déclaration d'amour.
☐ a retrouvé le sac de Y. Le Bihan.
☐ lui montre une valise.

• Ecoutez de nouveau le dialogue et marquez d'une croix tous les objets cités.

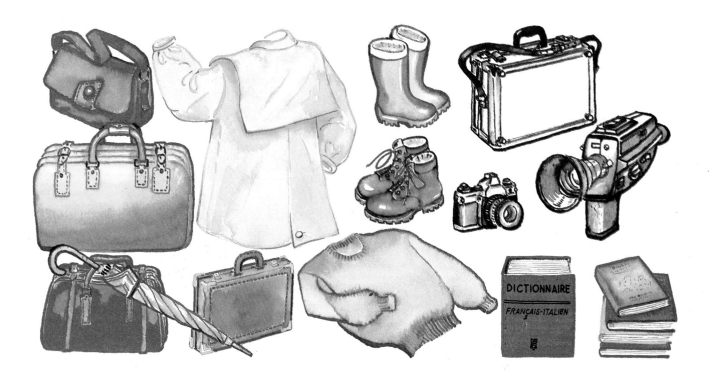

jouez

• Formez des équipes de neuf élèves au maximum. Chaque groupe doit placer en secret dans la grille au moins quatre noms d'élèves de l'équipe.
Deux des équipes jouent ensemble, la troisième contrôle le jeu.

Vous jouez comme à la bataille navale:

équipe 1: «Marie est **au** milieu, **en** bas.»
équipe 2: – Si Marie est bien à cet endroit, elle dit
«touché» et c'est encore à l'équipe 1 de jouer.
– Si Marie ne se trouve pas dans cette
case, l'équipe 2 dit «raté» et joue à son tour.

Quand l'équipe adverse place correctement le
dernier élève, on dit «coulé».
La partie est finie. Cette équipe a gagné... et ainsi
de suite... mais TOUJOURS EN FRANÇAIS!

	GAUCHE	MILIEU	DROITE
HAUT			
MILIEU			
BAS			

- **On continue à jouer...**
  Choisissez maintenant un des «objets trouvés» dessinés à la page précédente. Décrivez-le oralement et demandez à vos camarades de quel objet il s'agit et où il se trouve.

  – *Il est rouge, grand, et dedans il y a plein d'objets.*
  – *C'est le sac qui se trouve en haut, à droite, à côté de...*

  C'est à l'élève qui a deviné de jouer.

- **Aidez Marion à refaire sa valise. Indiquez devant chaque mot de la liste le numéro de l'objet ou du vêtement qui correspond.**

POUR LE BATEAU

un bonnet
des gants
trois paires de chaussettes
un pull bleu en laine
trois polos
une paire de tennis
un ciré
une paire de bottes
un jean
deux shorts
deux maillots de bain
slips et soutien-gorge
lunettes de soleil
trousse de toilette

POUR LES INVITATIONS

robe noire manches courtes
jupe longue et chemisier en soie
chaussures à talons
sac à main doré
collier et boucles d'oreilles

- **Il reste un certain nombre d'objets qui n'appartiennent pas à Marion. Retrouvez-les et dites pourquoi ils ne sont pas à elle.**

- **Ecoutez et imitez.**

  – Il est à Christian, ce stylo?
  – Non, il est à Jacques...
  – Ah bon? Il est à lui?

- **A qui appartiennent ces objets?**
  Utilisez ce modèle pour poser des questions sur les objets de la liste.

un stylo	_____	Jacques
des lunettes	_____	Nicolas
une tente	_____	Pierre et Aline
une bicyclette	_____	Brigitte et Catherine
des cigarettes	_____	Christian
un pull	_____	Sophie
des livres	_____	Jean et Bernard

OBSERVEZ ET COMPAREZ

vous choisissez un objet
vous demandez où il se trouve

tu choisis un objet
tu demandes où il se trouve

choisissez un objet
demandez où il se trouve

choisis un objet
demande où il se trouve

- Vous allez chercher dans les pages 25 à 29 de votre manuel des verbes à l'impératif.
  Nous avons déjà indiqué leur infinitif et le numéro de la page où vous pouvez les trouver.

- Relevez et écrivez la phrase dans laquelle ils se trouvent.

- Puis écrivez ce même verbe au singulier.

INFINITIF	page	IMPÉRATIF	
écouter	25	écoutez...	écoute...
regarder	25	regardez la liste...	
compléter	25		
jouer	26		
mettre	27		
marquer	27		
former	27		
décrire	28		
choisir	28		
demander	28		
aider	28		
indiquer	28		
dire	28		
imiter	28		
utiliser	28		
écrire	29		

Pour dire à quelqu'un de faire quelque chose

choisis	/	choisissez un objet
tu choisis	/	vous choisissez un objet
tu vas choisir	/	vous allez choisir un objet
tu choisiras	/	vous choisirez un objet
	il faut choisir un objet	

- Vous êtes une amie de Marion, dites-lui ce qu'il faut mettre dans sa valise.

Tu vas sortir le soir? N'oublie pas tes boucles d'oreilles.
Tu participes à la course? Prends _____
Tu pars demain matin? _____

- **Donnez-lui encore d'autres conseils.**
  Ecrivez-les et discutez-les avec vos camarades.

• Suivez exactement les consignes que votre professeur va vous donner.
Sur le même modèle, rédigez vos consignes et jouez avec vos camarades.

jouez

dessiner   un carré
tracer   un triangle
colorier   un rectangle
    un cercle

7 centimètres de côté

au-dessus de
en dessous de

Consignes

_____

_____

_____

_____

• Ecoutez et regardez les images suivantes.

① Jacques Dupont reçoit un coup de fil de son patron.

② Pierre joue au ballon tous les mercredis avec ses camarades.

③   ④   ⑤

 • **Ecoutez.**

• **Pour chaque image, complétez le tableau suivant:**

	ILS PARLENT	
d'une action qui **vient de se passer**	← ⟶	d'une action qui **va se passer**
«mon patron vient de m'appeler»	J. Dupont (1)	
	l'employé (1)	« Vous allez rater votre train. »
	la mère (2)	
	Pierre (2)	
	le caissier (3)	
	la jeune femme (4)	
	la 1ère femme (5)	
	la 2ème femme (5)	

• **Pour chacune des situations suivantes, imaginez avec un camarade 2 ou 3 répliques en utilisant les tournures:**

venir de + infinitif   ou   **aller** + infinitif

• **Jouez-les devant vos camarades.**

– à la gare   – en classe
– au bureau des objets perdus   – dans une discothèque

1. Cherchez le verbe.

Comment réaliser ce dessin?
Ecrivez les consignes nécessaires (mettez tous les verbes à l'infinitif).

Dessiner un carré de 3 cm de côté.

Tracer _____

_____

_____

_____

2. La fabrique d'exercices.

Dessinez maintenant une figure en utilisant seulement des carrés, des triangles, des rectangles, des cercles et des droites.
Ecrivez les consignes nécessaires (mettez tous les verbes à l'infinitif).
Recopiez-les sur une feuille et donnez-la à un de vos camarades. En suivant vos consignes, il doit dessiner quelque chose qui ressemble à votre dessin.

3. Complétez.

En rentrant de vacances, vous avez perdu votre valise. Rédigez la déclaration de perte. Vous devez décrire le contenu de votre valise avec le maximum de détails.

Déclaration de perte

DESCRIPTION DU BAGAGE: _____

_____

DESCRIPTION DU CONTENU (détaillée): _____

_____

_____

_____

LIEU: _____   DATE: _____

SIGNATURE: _____

4. Mettez de l'ordre.

Lisez les titres de journaux qui suivent. Classez-les en trois séries:
1. ceux qui désignent des actions qui viennent de se passer;
2. ceux qui désignent des actions qui vont se passer;
3. tous les autres.

Le dollar va être dévalué.   *Le mois d'août va être très chaud.*

Le Président de la république vient de se rendre en Allemagne.

Marseille vient de battre Monaco!

Les fonctionnaires vont
faire grève mercredi.

Le Premier ministre déclare: «Nous allons réduire les impôts.»

Les Français vont de plus en plus au restaurant.

Même les voleurs vont en vacances!

Transformez les titres des deux premières séries:

Exemple: **Marseille vient de battre Monaco.**
            → *Marseille va battre Monaco.*

LES SONS [ã], [ɔ̃] ET [ɛ̃]

Ces trois sons sont appelés «*sons nasaux*» parce que, contrairement aux autres voyelles, un peu d'air passe dans les fosses nasales au moment de la prononciation de ces sons.
Exemple: [ã] **lent** (adj.) = qui avance lentement.
[ɔ̃] **long** (adj.) = qui s'étend sur une certaine longueur.
[ɛ̃] **lin** (n.m.) = tissu fait avec les fibres de la plante du même nom.

POUR FAIRE LE POINT

 • **Ecoutez les mots enregistrés et mettez une croix dans la bonne case.**
Si vous entendez deux sons dans le même mot, vous mettez deux croix.
• **Ecrivez ensuite les mots que vous avez entendus.**

	[ã]	[ɔ̃]	[ɛ̃]
1			
2			
3			
4			
5			
6			
7			
8			

 • **Ecoutez ce dialogue puis jouez-le avec un camarade.**

– Demain, j'emmène les enfants au zoo pour voir les lions et les singes dans leurs cages.
– Ces pauvres animaux, enfermés pour la vie, loin des grands espaces...
– Mais non, au contraire! ils sont logés et nourris. Par contre, en Inde, on fait travailler les éléphants...
– En Inde, les éléphants sont libres!

 • **Ecoutez et placez au-dessus de chaque tiret une croix s'il s'agit du son [ã], un rond s'il s'agit du son [ɔ̃] et une barre s'il s'agit du son [ɛ̃].**
N.B. : Chaque tiret représente une syllabe.

1. _____ _____ _____
2. _____ _____ _____
3. _____ _____ _____ _____
4. _____ _____
5. _____ _____ _____
6. _____ _____ _____

POUR BIEN PRONONCER LES SONS [ã], [ɔ̃] ET [ɛ̃]

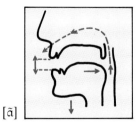

[ã]

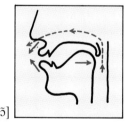

[ɔ̃]

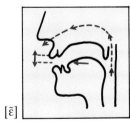

[ɛ̃]

Placez la langue en arrière, comme quand vous prononcez le [ɑ] de «âne».
Baissez légèrement le menton et faites passer un peu d'air par le nez (nasalisation).

Partez du son [o] de «dos».
Avancez légèrement les lèvres.
Relevez le menton et faites passer un peu d'air par le nez (nasalisation).

Partez du son [e] de «clé».
Baissez légèrement le menton et faites passer un peu d'air par le nez (nasalisation).
Attention! Gardez les lèvres écartées.

UNITE 4

Yannick Le Bihan vient de rentrer chez lui.

- **Lisez les trois messages auxquels il doit répondre.**

Monsieur Loïc de Kerouac
Maire de La Trinité

et   Monsieur Jacques Vauthier
Directeur du Salon de la voile,

ont le plaisir d'inviter Monsieur et Madame
Le Bihan à l'apéritif donné à l'hôtel de la Baie,
à l'occasion du premier Salon de la voile,
le 12 juillet à 18 heures 30.

R.S.V.P.

Hôtel de la Baie
Place du 14 juillet
La Trinité

Michel Fabre
journaliste

le 11 juillet

Cher Yannick,

je suis à La Trinité, à l'hôtel de la Baie pour 2 jours seulement. Après-demain, c'est l'élection de la reine de la course. C'est moi qui présente les concurrentes.

Je t'attends à 18h. au Club de la mer. Si tu ne peux pas venir, laisse-moi un message à l'hôtel.

Amitiés
Michel

Mon chéri,

je suis chez le coiffeur. Jean-Jacques a téléphoné vers 16 heures. Il est à Brest jusqu'au 18 juillet. Isabelle et lui veulent nous inviter au restaurant ce soir. Il faut rappeler Jean-Jacques au 97.46.23.58. Pas de problème, maman peut garder les enfants. Appelle-moi au 97.46.29.77.

Maryvonne

- **Trois invitations?**

	De la part de qui?	Où?	Quand?	Pour quoi faire?
1				
2				
3				

- **Le choix est difficile! Selon vous, quelle invitation Yannick Le Bihan va-t-il accepter? Pour quelles raisons? Discutez-en avec vos camarades.**

Quelle invitation Yannick a-t-il choisie?

• **Ecoutez.**

• **Complétez.**

	Invitation		Pour quelles raisons?
	acceptée	refusée	
1			
2			
3			

Voici la réponse de Yannick Le Bihan au Maire de La Trinité. Bien entendu, c'est une lettre officielle.

• **Lisez-la.**

> Brest, ce jeudi 12 juillet
>
> Monsieur le Maire,
>   Nous vous remercions bien vivement pour votre invitation à l'apéritif donné à l'occasion du premier salon de la voile ce jeudi 12 juillet. Retenus par d'autres obligations, nous ne pouvons malheureusement pas y assister.
>   Dans l'attente de vous revoir le jour du départ de la course, nous vous prions de croire, Monsieur le Maire, à nos sentiments les meilleurs.
>
> Yannick Le Bihan
>
> Y Le Bihan

● **Pour écrire une lettre plus simple, travaillez tous ensemble avec votre professeur.**

Monsieur le Maire,

Nous vous remercions bien vivement

de votre invitation à l'apéritif donné à l'occasion du premier Salon de la voile ce jeudi 12 juillet.

Retenus par d'autres obligations,

nous ne pouvons malheureusement pas y assister.

Dans l'attente du plaisir de vous revoir le jour du départ de la course,

nous vous prions de croire, Monsieur le Maire, à nos sentiments les meilleurs.

Yannick Le Bihan

● **Yannick Le Bihan doit aussi répondre à son ami journaliste.
A vous d'écrire cette lettre, n'oubliez pas qu'il écrit à un copain.
Vous pouvez utiliser toutes les raisons que Yannick donne à Jean-Jacques au téléphone et vous pouvez même en imaginer d'autres.**

Pour téléphoner

– Allô, le salon de coiffure Estelle?
Je voudrais parler à...

ou Pouvez-vous me passer...

– C'est de la part de qui?

Ne quittez pas. Je vous $\begin{Bmatrix} la \\ le \end{Bmatrix}$ passe.

• Yannick Le Bihan téléphone maintenant à sa femme pour qu'elle les retrouve, Jean-Jacques, Isabelle et lui, au restaurant de la Rade.

Par groupes de trois, préparez cette conversation téléphonique et jouez-la devant vos camarades.

Canevas

Y. Le Bihan doit dire à sa femme:

– l'heure et le lieu du rendez-vous;
– comment y aller en voiture (attention aux sens interdits et aux rues piétonnes);
– où garer sa voiture.

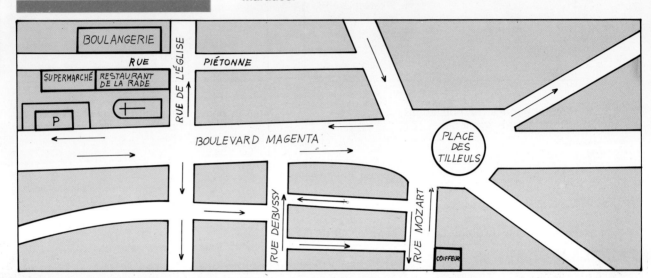

• Maintenant écoutez ce que Yannick dit à sa femme et relevez toutes les formules qu'il emploie pour indiquer à Maryvonne le chemin à suivre.

• Observez.

JUILLET						
LUNDI	MARDI	MERCREDI	JEUDI	VENDREDI	SAMEDI	DIMANCHE
9	10	11	12	13	14	15
	AVANT-HIER	HIER	AUJOURD'HUI	DEMAIN	APRÈS-DEMAIN	
					Départ de la course	

J'ai reçu une invitation   Le départ est dans

il y a trois jours   deux jours

AVANT $\begin{Bmatrix} \text{LE DÉPART} \\ \text{de partir} \end{Bmatrix}$ LE JOUR DU DÉPART   APRÈS LE DÉPART

• Ecoutez de nouveau la conversation téléphonique entre Yannick Le Bihan et Jean-Jacques. Ecrivez sur ce calendrier tout ce que Yannick a fait ou doit faire cette semaine.

- **Regardez maintenant l'agenda de Maryvonne.**
- **Retrouvez tout ce qu'elle doit faire pendant la semaine.**

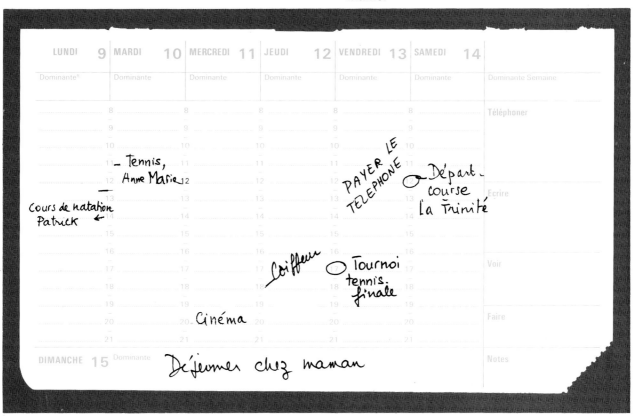

- **On est jeudi: dites ce qu'elle a déjà fait et ce qu'elle doit faire en évitant de dire le jour et la date.**

  Ex.: *il y a 3 jours...*
       dans 2 jours...

13... 13...   êtes-vous superstitieux?

Il ne faut jamais être 13 à table.

Il ne faut jamais passer sous une échelle.

Il ne faut jamais casser un miroir.

Il ne faut jamais croiser un chat noir.

Connaissez-vous d'autres superstitions?

- **Faites un dessin pour les illustrer. Présentez-le à vos camarades et demandez-leur de deviner ce qu'il faut faire et ce qu'il ne faut pas faire.**

Au restaurant de la Rade...

Les Le Bihan et les Maréchal se sont retrouvés au restaurant de la Rade.

 • **Ecoutez.**

CARTE

Hors-d'œuvre et entrées

terrine de poisson
terrine de légumes
salade d'été au saumon
crudités de saison
avocat vinaigrette

Fromages

camembert, roquefort,
cantal, gruyère, chèvre

Plat principal

filet de bœuf au poivre rose
canard à l'orange
colin au citron vert
lotte à l'armoricaine
plateau de coquillages

Desserts

crème caramel
mousse au chocolat amer
profiteroles
tartes aux fruits
glaces
fruits de saison

• **Retrouvez ce que chacun commande**

	Maryvonne	Yannick	Jean-Jacques	Isabelle
Hors-d'œuvre *ou* Entrée				
Plat principal				
Vin				

OBSERVEZ ET COMPAREZ

Le garçon: Ensuite, de la viande, du poisson?			
J'aime la viande. Je prends de la viande.	Pas de viande! Je ne mange jamais de viande.	J'aime le poisson. Je vais prendre du poisson.	Pas de poisson! Je ne mange jamais de poisson.
J'adore les fruits. Je vais prendre des fruits.	Pas de fruits! Je ne mange jamais de fruits.	J'adore les légumes. Je vais prendre des légumes.	Pas de légumes! Je ne mange jamais de légumes.

11

• **Maintenant imaginez que vous êtes dans un magasin et que vous demandez au vendeur ou à la vendeuse un des produits suivants:**

Commencez avec: «*Est-ce que vous avez...?*»
                          ou «*Je voudrais...*»

Le vendeur répond par exemple:

«*Nous avons... / nous n'avons pas...
                nous n'avons plus...*»

FARINE
LAIT
SUCRE
RIZ
PÂTES
ŒUFS
LÉGUMES
FRUITS
JAMBON
BISCOTTES
BEURRE
CRÈME
BIÈRE
MOUTARDE

- **Lisez les conseils d'Anne-Marie Blanc, diététicienne.**

Pour être en bonne santé...

Pour être en bonne santé, il ne suffit pas de manger à votre faim, il faut aussi tenir compte de votre taille et de votre activité.

Vous êtes grand et vous faites du sport? Vous pouvez manger davantage. En effet le menu d'une personne très sportive doit comprendre de la viande, sans oublier les légumes et les fruits. Pas de vin! du lait ou des jus de fruits.

A une personne qui mène une vie sédentaire, je conseille surtout des repas légers. Beaucoup de légumes, de salades et de fruits, et aussi du fromage. A ne pas oublier: le poisson et le poulet, ils nourrissent sans faire grossir. Par contre il faut éviter les gâteaux, les glaces et le chocolat.

Pour les personnes âgées et les enfants, du riz et des pâtes, des légumes et des fruits, pleins de vitamines, et des œufs et du fromage, nourrissants et faciles à digérer.

A tout le monde je conseille du pain complet, du café léger et sans sucre, ou mieux encore, du thé.

Ne vous laissez jamais tenter par les tartines beurrées! Elles sont dangereuses pour tous.

  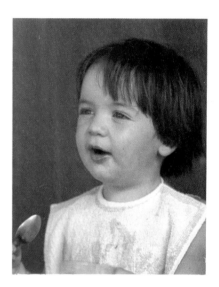

- **L'une de ces personnes vient vous voir. En respectant les conseils d'Anne-Marie Blanc, composez un menu que vous allez lui présenter.**

FICHE PERSONNELLE

- **Remplissez d'abord la fiche personnelle.**

- **Vous jouez le rôle de la diététicienne. Un de vos camarades choisit un personnage et vient vous consulter.**

  Il se présente, vous explique ses problèmes et vous demande conseil.

  Vous lui expliquez ce qu'il doit manger et vous lui donnez les raisons de ce régime.
  Jouez cette petite scène devant vos camarades.

- **Ecoutez et imitez.**

  – 350 francs le menu? C'est scandaleux!
  – J'ai drôlement bien mangé dans ce restaurant!
  – Vous savez, la nouvelle cuisine, ça n'a rien d'extraordinaire.

**Les Le Bihan et les Maréchal doivent
maintenant commander les desserts.**

- **Par groupes de cinq – les quatre clients et le garçon – jouez la scène.
  Vous pouvez utiliser les expressions que vous avez entendues dans l'enregistrement ou qui figurent dans
  l'ancre.**

Pour dire ses préférences

J'adore la viande.	/	Je déteste la viande.
J'aime la viande.	/	Je n'aime pas la viande.

Je préfère le Bordeaux.
J'aime mieux le Bordeaux.

Pour commander au restaurant ou au café

– Garçon! (madame, mademoiselle, monsieur)

– Une bière, s'il vous plaît.
– Apportez-moi une bière, s'il vous plaît.
– Je vais prendre une bière.

Pour payer

– L'addition, s'il vous plaît.

– Ça fait combien?
– Je vous dois combien?   (au café plutôt)

- **Vous allez relever dans les pages de votre manuel des phrases où ces verbes sont conjugués à différentes
  personnes. Indiquez dans la case correspondante le numéro de la page, puis recopiez la phrase dans votre
  cahier.**

	1	2	3	4	5	6
dire						
faire						
entendre						
perdre						
devoir						

(© Quino/Quipos)

- **Regardez cette bande dessinée et imaginez pour chaque bulle une phrase que le personnage peut dire.**

- **Racontez cette petite histoire (maximum 50 mots).**

- **Trouvez un ou plusieurs adjectifs pour décrire les expressions du personnage dans les images.**

  image 2 _____
  image 3 _____
  image 4 _____
  image 6 _____
  image 7 _____
  image 11 _____
  image 12 _____

1. Complétez.

Hier? Demain? Aujourd'hui? ...
Muriel raconte deux semaines de sa vie.
Complétez en utilisant les expressions du tableau p. 38.

Lundi: J'ai joué au tennis. _____ → | *Il y a une semaine,* | *j'ai joué au tennis.*
Mardi: Je suis allée au cinéma. _____ → _____
Mercredi: J'ai acheté un gâteau pour l'anniversaire de Stéphane. → _____
Jeudi: J'ai invité deux amies à la maison. _____ → _____
Vendredi: J'ai vu un film super. _____ → _____
Samedi: J'ai pris rendez-vous chez le dentiste. _____ → _____
Dimanche: J'ai rangé mes disques. _____ → _____

Lundi: Je vais chez le coiffeur. _____ → | *Aujourd'hui,* | *je vais chez le coiffeur.*
Mardi: J'ai rendez-vous avec Stéphane. _____ → _____
Mercredi: Je dois aller chez le dentiste. _____ → _____
Jeudi: J'ai mon cours de natation. _____ → _____
Vendredi: Je fais toutes les courses au supermarché. ____ → _____
Samedi: Je pars pour Marseille. _____ → _____
Dimanche: _____ → _____

2. Traitez les informations.

En vous servant des messages de la page 35 et des informations qui suivent, rédigez deux messages: une invitation officielle et une lettre.

	Invitation officielle	Lettre d'un ami
De la part de qui?	*le directeur du Centre culturel français*	*un vieil ami qui arrive des Etats-Unis*
Où?	*hôtel Ritz*	*restaurant du Globe*
Quand?	*14 juillet, 19h45*	*14 juillet, vers 20 h*
Pour quoi faire?	*dîner à l'occasion de la fête nationale française*	*dîner à l'occasion de son séjour en France*

Vous choisissez maintenant de vous rendre à une de ces deux invitations.

Laquelle refusez-vous? Rédigez une lettre pour vous excuser (servez-vous des pages 36 et 37).

3. Complétez.

AU DÎNER...
Qu'est-ce que vous aimez et qu'est-ce que vous n'aimez pas?

«J'aime _____ »

«Je n'aime pas _____ »

Composez votre menu idéal:

Entrée: _____

Plat principal: _____

Fromage: _____

Dessert: _____

Boisson: _____

4. A vos dictionnaires!

Quels produits pouvez-vous acheter chez un boulanger-pâtissier, un boucher-charcutier, un crémier, un épi-cier, un marchand de primeurs, un pharmacien?

Servez-vous du dictionnaire.

«Chez le boulanger-pâtissier, on achète du...des...de la...»

LES SONS [œ] ET [ø]

Ces deux sons sont très proches l'un de l'autre.
Le son [œ] de «fleur» est plus ouvert que le son [ø] de «peu».

Exemple: [œ]	peur	bonheur	neuf	veuf
	[pœr]	[bɔnœr]	[nœf]	[vœf]
[ø]	peu	heureux	noeud	voeux
	[pø]	[ørø]	[nø]	[vø]

Dans certains cas, le passage du son [œ] au son [ø] indique le passage au pluriel du même mot.
Dans ce cas, on n'entend plus le son [f] au pluriel.

Exemple: œuf → œufs   bœuf → bœufs
[œf] → [ø]   [bœf] → [bø]

POUR FAIRE LE POINT

- **Ecoutez les mots et mettez une croix dans la bonne case.**
- **Ecrivez ensuite les mots que vous avez entendus.**

	[œ]	[ø]
1		
2		
3		
4		
5		
6		
7		
8		

- **Ecoutez ce dialogue, puis jouez-le avec un camarade.**

– Docteur, j'ai peur...J'ai mal à un œil et au cœur!
– L'œil, le cœur...Voyons un peu.
– Je suis encore jeune, je ne veux pas mourir et laisser mon mari seul.
– Rassurez-vous, Madame, vous avez un cœur de jeune fille. Quant à votre œil, c'est seulement un problème nerveux.

- **Dites pourquoi** [nø] **n'est pas le pluriel de** [nœf]
  et pourquoi [vø] **n'est pas le pluriel de** [vœf].

POUR BIEN PRONONCER LES SONS [œ] ET [ø]

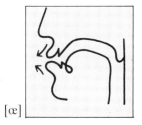

[œ]

Partez du son [ɛ] de «belle».
Arrondissez un peu les lèvres : vous arrivez ainsi à prononcer le son [œ].

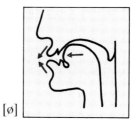

[ø]

Partez du son [o] de «dos».
Placez la langue en avant.
Fermez presque totalement les mâchoires en gardant toujours les lèvres légèrement arrondies.

Pour choisir un déterminant

Le déterminant est un mot qui précède immédiatement le nom et qui peut prendre la place de **un** ou **le**:

| Le
Mon
Ce
Un | bateau va partir. | Les
Mes
Ces
Des | bateaux vont partir. |

▶déterminants◀

LE JEU DE LA CHAÎNE

• Lisez ce poème

Dans Paris il y a une rue;
dans cette rue il y a une maison;
dans cette maison il y a un escalier;
en haut de cet escalier il y a une chambre;
dans cette chambre il y a une table;
sur cette table il y a une cage;
dans cette cage il y a un nid;
dans ce nid il y a un œuf;
dans cet œuf il y a un oiseau.

L'oiseau renverse l'œuf;
l'œuf renverse le nid;
le nid renverse la cage;
la cage renverse la table;
la table renverse la chambre;
la chambre renverse l'escalier;
l'escalier renverse la maison;
la maison renverse la rue;
la rue renverse la ville de Paris.

(d'après une chanson enfantine citée par Paul Eluard)

• Sur le modèle de ce poème, à partir des mots suivants, inventez une autre chaîne.

village, école, classe, chaise, garçon, cœur qui bat.

Pour construire une phrase négative

On peut utiliser: ne... jamais, ne... rien, ne... pas, ne... plus.

> Ce **n'**est **jamais** très drôle!
> Je **n'**entends **rien**!
> Vous **ne** prenez **pas** de vacances cet été?
> Je **ne** sais **plus** où je suis.

Attention! Dans la langue parlée, très souvent vous n'entendez pas la première partie de la négation:

> C'est **pas** possible!

– Qu'est-ce que vous faites ce week-end?
– Moi, je fais
de la politique,
du jardinage,
du cinéma,
quelques voyages,
du sport,
de la cuisine,
des mots croisés,
je me tiens
au courant des
derniers livres,
des potins,
de tout
ce qui se dit et
se fait aujourd'hui.
Et je fais encore
deux ou trois choses
extraordinaires,
inédites,
jamais vues.
Je rencontrerai
l'aventure,
la tendresse,
la passion.
Oui, ce sera
un bon week-end,
un bon VSD.

BON WEEK-END, BON VSD

- **Transformez à la forme négative le texte de la page précédente.**

Moi, je ne fais pas de politique, _____

_____

_____

_____

_____

_____

_____

- **Que faites-vous le week-end? Trouvez 5 activités que vous aimez et 5 activités que vous n'aimez pas.**

  Moi, je fais ...
  Moi, je ne fais pas (ou je ne fais jamais, ou je ne fais plus...)

Pour connaître le genre des noms

- Quand vous voulez savoir si un nom est **masculin** ou **féminin**, allez voir le dictionnaire.

bouée [bue] n. f. **1°** Corps flottant qui est destiné à signaler un écueil, un banc de sable, etc., ou à indiquer un passage (*balise*); appareil flottant que l'on jette à une personne tombée à l'eau pour lui permettre de se maintenir à la surface (*bouée de sauvetage*) : *Le lit de la Loire est par endroits balisé au moyen de bouées. Il y a des bouées de sauvetage sur les divers ponts de Paris.* — **2°** *Bouée de sauvetage,* ce qui peut tirer quelqu'un d'une situation désespérée : *La situation qu'on lui offrait lui apparut une bouée de sauvetage dont il fallait se saisir sans hésiter.*

acteur, trice [aktœr, -tris] n. **1°** Personne dont la profession est de jouer des rôles au théâtre ou qui les joue occasionnellement : *Les acteurs de la pièce furent remarquables* (syn. : COMÉDIEN). *Une actrice dont le jeu témoigne d'une rare finesse.* — **2°** Personne qui, dans un événement, prend une part déterminante à l'action, à sa réalisation : *Il est le principal acteur de cette pitoyable tragédie. En cette occasion, je n'ai pas été un acteur, mais un simple spectateur.*

1. port [pɔr] n. m. **1°** Abri naturel ou artificiel pour les navires, pourvu des installations nécessaires à l'embarquement et au débarquement de leur chargement : *Port maritime. Port fluvial.* ‖ *Port d'attache,* lieu où un bateau est immatriculé; au *fig.,* lieu où revient habituellement quelqu'un qui fait de nombreux déplacements (syn. : POINT D'ATTACHE). — **2°** *Arriver au port,* toucher au but. ‖ *Arriver à bon port,* arriver à destination sans accident. ‖ *Toucher le port,* être en vue du but, du succès (littér.). ◆ **portuaire** adj. *Installations portuaires,* équipement nécessaire à un port : quais, docks, hangars, grues, etc.

- Pour certains noms, il existe une forme pour le masculin et une forme pour le féminin.
  Ex.: *un acteur   /   une actrice*

- **A vous. Vous avez 10 minutes pour compléter en équipes à l'aide du dictionnaire ou du précis grammatical le tableau suivant.**
Pour les dix dernières lignes, cherchez dix mots qui ont des formes différentes au féminin et au masculin.

MASCULIN	FÉMININ	POINTS
un infirmier ————————	une infirmière	
————————	une élève	
un dentiste ————————		
————————	une duchesse	
un lion ————————		
un roi ————————		
————————	une secrétaire	
————————	une veuve	
un fou ————————		
————————	une paysanne	
• ————————••		
• ————————••		
• ————————••		
• ————————••		
• ————————••		
• ————————••		
• ————————••		
• ————————••		
• ————————••		
• ————————••		

Pour utiliser les noms au singulier ou au pluriel

- En général, pour former le **pluriel**,
  – on transforme le déterminant
  – on ajoute un -s à la fin du nom.

  Ex.: **un** livre / **des** livres

- Quelques noms forment leur pluriel autrement.

  Ex.: **un** journal / **des** journ**aux**

En cas de doute, allez voir le précis grammatical.

Pour accorder les adjectifs

- Pour le **féminin** et le **masculin**, retournez voir la page 5 de l'unité 1.

- Au **pluriel**, l'adjectif se comporte comme le nom.

  Ex.: un livre intéressant
       des livres intéressants

C'est si bon d'être une femme.

- **Transformez cette annonce publicitaire pour un lecteur homme.**
Vous comptez un point pour chaque réponse juste.

- **Qu'est-ce qui est important chez un homme et chez une femme?**
Donnez pour chacun trois qualités importantes et justifiez votre choix.

«Selon moi, une femme / un homme doit être... parce que...»

Une femme séduisante, une femme remarquable, une femme spontanée, une femme informée, une femme impliquée, une femme excessive, une femme jalouse, une femme changeante, une femme appétissante, une femme romanesque, une femme triomphante, une femme créative, une femme dépensière, une femme vivante, une femme ardente, une femme éclatante, une femme irrésistible, une femme importante, une femme passionnante, une femme drôle, une femme astucieuse, une femme affirmée, une femme bouleversante, une femme brillante, une femme cultivée, une femme conquise, une femme chère, une femme calme, une femme conquérante, une femme fascinante, une femme désinvolte, une femme généreuse, une femme lumineuse, une femme passionnée, une femme présente, une femme remarquée, une femme vraie, une femme précise, une femme.

(publicité pour le magazine "F")

Pour conjuguer les verbes

Vous savez déjà conjuguer beaucoup de verbes français.

- Les dictionnaires, les grammaires et le précis grammatical de votre manuel vous donnent l'**infinitif** des verbes

habiter [abite] v. tr. ou intr. 1° Avoir sa demeure, sa résidence dans (le complément indiquant le lieu où l'on réside peut être introduit directement ou par l'intermédiaire d'une préposition) : *J'habite Paris*

HABITER [abite] v. t. (lat. *habitare*). Faire sa demeure en un lieu : *habiter une jolie maison*. **I — V. 1.** Demeurer, vivre : *habiter à la campagne*.

et un **modèle de conjugaison**.

AIMER [eme]	indicatif présent
	j' aime [ɛm]
	tu aimes [ɛm]
	il aime [ɛm]
	nous aimons [emɔ̃]
	vous aimez [eme]
	ils aiment [ɛm]
	indicatif imparfait
	j' aimais [ɛmɛ]
	tu aimais [ɛmɛ]
	il aimait [ɛmɛ]
	nous aimions [emjɔ̃]
	vous aimiez [emje]
	ils aimaient [ɛmɛ]

AIMER

INDICATIF

Présent
J' aim e.
Tu aim es.
Il aim e.
N. aim ons.
V. aim ez.
Ils aim ent.

Imparfait
J' aim ais.
Tu aim ais.
Il aim ait.
N. aim ions.
V. aim iez.
Ils aim aient.

C.3 - habiter

PRÉSENT

j'habite
tu habites
il, elle, on habite
nous habitons
vous habitez
ils, elles habitent

- Pour trouver ou vérifier les formes d'un verbe, allez voir le précis grammatical, un dictionnaire ou une grammaire.

- Vous venez de revoir **le présent de l'indicatif**. N'oubliez pas qu'en français **il faut toujours exprimer le pronom personnel sujet**.

Ex.: *Je mange une pomme.*
Nous habitons Paris.

- Vous avez aussi revu **l'impératif présent**. ATTENTION! pour le conjuguer, **il ne faut pas utiliser le pronom personnel sujet**.

Ex.: *Mangez des pommes.*
Dormez bien.

- **A vous. Travaillez en équipe en vous servant du précis grammatical, vous avez 10 minutes pour compléter la grille suivante.**

INFINITIF	INDICATIF PRÉSENT	IMPÉRATIF PRÉSENT	POINTS
travailler	(4) nous travaillons	(5) travaillez	2
	(5)	(2) écris	
aller	(6)	(2)	
choisir	(4)	(5)	
	(5)	(2) dis	
mettre	(2)	(5)	
se présenter	(1)	(5)	
voir	(3)	(4)	
commencer	(4)	(2)	
	(5)	(2) fais	

Pour former une phrase interrogative

Retournez voir les pages 7, 15, 19 et 26.

- **Observez et fabriquez une phrase sur chacun des modèles proposés.**

Où habitez-vous? Habitez-vous en France? Comment allez-vous?	Vous habitez où? Vous habitez en France? Vous allez comment?	Où est-ce que vous habitez? Est-ce que vous habitez en France? Comment est-ce que vous allez?

Où habitez-vous?   Habitez-vous en France?

Où est-ce que vous habitez?
Est-ce que vous habitez en France?

Vous habitez où?
Vous habitez en France?

REGISTRES DE LANGUE

SOUTENU

MOYEN

FAMILIER

- **Vous allez poser des questions**
    - au directeur de votre école
    - à un de vos copains
    - à madame X... votre voisine,
    au sujet de leurs dernières vacances (1), du sport qu'ils préfèrent (2), de leur nouvelle maison (3), d'un dîner au restaurant (4), du dernier film qu'ils ont vu à la télévision (5).

	pour le directeur	pour un copain	pour madame X
1			
2			
3			
4			
5			

🎧 **Ecoutez attentivement...**

- **Vous avez maintenant 10 minutes pour lire et observer cette page.**

Ecoutez de nouveau...

- **Vous avez maintenant 5 minutes pour tout compléter.**

– Notez l'heure approximative du vol: _____

– Situez la boutique où le vol a eu lieu.

BOUTIQUE	POSTE	SUPERMARCHÉ	GLACES	BOUTIQUE	BOUTIQUE	BOUTIQUE

POINT DE RENCONTRE

JET D'EAU

TÉLÉPHONES	BOUTIQUE		BANQUE DE PARIS	BOUTIQUE	RESTAURANT DU ROND POINT

– Indiquez l'arme (les armes) utilisée(s) par les bandits:

revolver	☐	fusil	☐
couteau	☐	mitraillette	☐

– Combien d'argent à été volé?

3 000 francs	☐	30 000 francs	☐
13 000 francs	☐	33 000 francs	☐

– Aidez la police à retrouver les trois voleurs.

– Aidez la police à retrouver la voiture des voleurs.

– Marquez le numéro de téléphone de la police:_____

- A l'oral vous présentez d'abord votre famille. Vous choisissez ensuite une personne de votre famille et vous la décrivez en donnant le plus de détails possible.

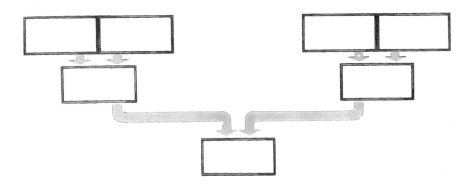

- Dites à vos camarades par où il faut passer pour aller de l'école jusqu'à chez vous. Servez-vous du plan du quartier ou du village que votre professeur a dessiné au tableau.

- Dans cet article on a enlevé quelques mots. Dans votre cahier, écrivez les mots qui vous semblent convenir le mieux en indiquant le numéro correspondant.
Attention, il y a parfois plusieurs possibilités.

C'EST MISS DANEMARK LA (1) DE LA COURSE.

Quelle finale! dix pays, dix (2) , une seule reine!

Blonde, 19 (3) , Ulla Andersen (4) du Danemark. Née à Copenhague, elle n'a (5) quitté cette ville et depuis son enfance, elle (6) venir (7) France.

«Avec (8) parents, j'ai fait des voyages dans tous les (9) du monde. Nous avons visité l'Amérique (10) Sud, les Etats-Unis, l'Italie, l'Espagne, le Portugal, la Suède, mais pas la France. (11) , je rêvais de la Tour Eiffel!». Son rêve est (12) réalisé: depuis 15 (13) , elle est en vacances en France. Elle a visité Paris et elle (14) d'arriver en Bretagne.
(15) amis lui ont conseillé de se

(16) au concours pour l'élection de la reine de la course. La (17) italienne, brune aux yeux noirs et la concurrente française, une jolie rousse aux (18) verts sont à (19) d'elle sur la photo.
«J' (20) la mer et les bateaux» nous a-t-elle déclaré (21) son élection. Un vrai marin? Non! Elle espère faire (22) cinéma!
Bonne chance à cette nouvelle miss...

- Ecoutez le texte enregistré et notez seulement les mots qui sont différents de ceux que vous avez choisis. Est-ce qu'ils ont le même sens?
Préparez-vous à lire ce texte à voix haute.

- **Vous devez écrire à votre ami Paul pour l'inviter dimanche à un pique-nique à la campagne.**

   Dans votre lettre (50 mots environ) vous devez lui dire

   – la raison de ce pique-nique (anniversaire de Marie-Christine)
   – la route à suivre (regardez attentivement le plan)
   – ce qu'il doit apporter (une boisson et autre chose)
   – ce qu'il ne doit pas apporter (2 choses)

assiettes en carton → Bernard
tire-bouchon → Françoise
serviettes en papier → Luc
couverts → Frédéric
verres en plastique → Alain
boissons
     jus de fruits
     bière
     eau minérale
     café
pain
fromage
jambon
œufs durs
salade
gâteaux
nappe en papier → Maryse

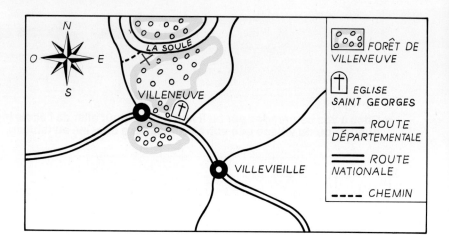

Cher Paul,

Nous organisons dimanche

Quand tu es arrivé à Villevieille

À bientôt !

Un dessin de Sempé

Spécial jeunes

CHIC!
on va parler
de nous

Les profs

Les parents

L'école

L'amour

L'amitié

La mode

La musique

Comment ils parlent...

• Lisez cette lettre et la réponse qui est donnée.

COURRIER DES LECTEURS

... Je me demande si nos enfants parlent la même langue que nous. À les entendre, on dirait que nous vivons sur une autre planète. Où peut bien aller mon fils de 15 ans quand il se précipite au "bahut"? Où a-t-il trouvé les fringues qu'il porte, au grand scandale de ma belle-mère très BCBG? Quand je lui pose des questions, il me répond: "Cool, papa, pas de frime. T'es pas branché."

Un père inquiet
Grenoble

En effet, cher lecteur, je ne crois pas que nos enfants et nous, nous parlions exactement la même langue. Pour vous aider, voici un «petit lexique branché», qui va vous permettre de mieux les comprendre.

PETIT LEXIQUE BRANCHÉ

ASSURER: (*verbe*)
  1) être compétent dans son domaine;
  2) être à la hauteur de la situation.
Contraire: CRAINDRE

BAHUT: (*nom masculin*) lycée, école.

B.C.B.G.: (*adjectif et nom*) Bon Chic, Bon Genre. Classique et discret, qui appartient à la bonne bourgeoisie.

BRANCHÉ: (*adjectif et nom*) personne qui se tient au courant de tout ce qui est à la mode.

CLEAN: (*adjectif*) bien élevé, soigné, propre.

COOL: (*adjectif*) tranquille, calme.

CRAINDRE: (*verbe*)
  1) ne pas être compétent dans son domaine;
  2) ne pas être à la hauteur de la situation.
Contraire: ASSURER.

FRIME: (*nom féminin*) façon de s'habiller et de se comporter pour impressionner les autres.

FRINGUES: (*nom féminin pluriel*) vêtements.

GALÈRE: (*nom féminin*) travail dur mais sans résultat.

LOOK: (*nom masculin*) apparence d'une personne liée surtout à sa façon de s'habiller.

MINET, MINETTE: (*nom masculin, féminin*) garçon ou fille qui préfère ce qui est moderne, coûteux et à la mode.

PUNK: (*adjectif et nom*) indique les jeunes qui suivent un mouvement de mode anglais. Leurs vêtements sont noirs et parfois déchirés et ils ont des cheveux colorés.

RINGARD: (*adjectif*) synonyme de démodé.
Contraire: BRANCHÉ.

• Récrivez la lettre que vous venez de lire en remplaçant les mots «branchés» par d'autres expressions. Servez-vous du «Petit lexique branché».

La Punkette

La Punkette est très jeune, environ 16 ans. Elle suit péniblement une seconde[1] au lycée, ou ne la suit pas du tout.

Elle est plutôt petite, un peu boulotte[2]. Elle s'entend mal avec ses parents – des petits-bourgeois travailleurs et modestes – et délaisse[3] quotidiennement la compagnie familiale pour rejoindre sa bande, des Punks comme elle. Ensemble ils projettent de monter un groupe[4] (...)

Son réconfort dans la vie, c'est son petit ami F... (c'est un surnom), un Punk comme elle. Ils se comprennent et forment, au-delà des apparences, un couple plutôt romantique et traditionnel. Ensemble ils voudraient «foutre le camp de cette société pourrie[5] pour aller j'sais pas où» (c'est F... qui parle).

Pour le moment, elle prépare du bout des doigts[6] un examen d'entrée dans une école privée de dessin. Elle fait de jolis collages (un peu «Bazooka») en découpant les vieux *Paris-Match* des années 60.
(H. Obalk, A. Soral, A. Pasche, *Les mouvements de mode expliqués aux parents*, Laffont)

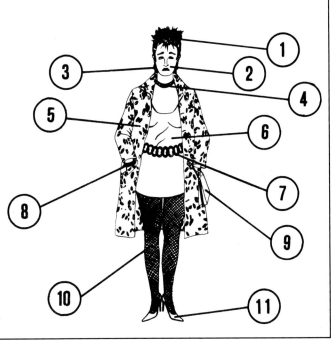

1. voir le schéma page 63
2. grosse et petite
3. abandonne
4. créer un groupe musical
5. corrompue
6. sans travailler beaucoup

- **Lisez cet article et présentez rapidement la punkette à vos camarades.**
- **Regardez cette photo et décrivez les quatre personnages.**

Comment ils s'habillent...

● Choisissez un de ces deux jeunes, le «minet» ou la «B.C.B.G.» et retrouvez les éléments de leur «look».

Le Minet-minet

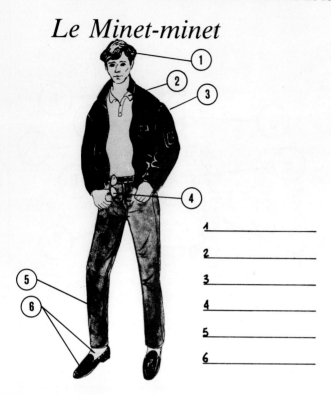

La «Loden» B.C.B.G.

1 _____
2 _____
3 _____
4 _____
5 _____
6 _____
7 _____
8 _____
9 _____
10 _____

1 _____
2 _____
3 _____
4 _____
5 _____
6 _____

(H. Obalk, A. Soral, A. Pasche, *Les mouvements de mode expliqués aux parents*, Laffont)

● Lisez et racontez.

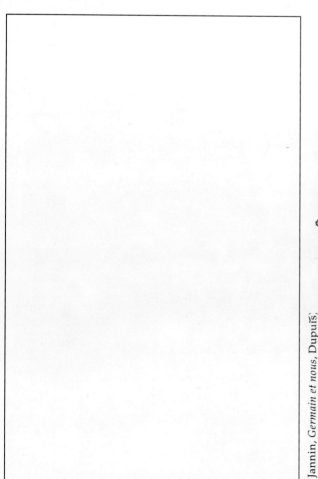

(F. Jannin, *Germain et nous*, Dupuis)

Ce qu'ils pensent de l'amitié et de l'amour...

IL EST PLUS VIEUX QUE MOI

J'aime Thierry, il a deux ans de plus que moi. C'est le copain de mon frère. Comment lui dire que je l'aime? Est-ce que lui peut m'aimer, malgré notre différence d'âge?

Paola,

57420 Verny

JE VEUX QU'IL M'AIME

J'aime un garçon et je veux qu'il m'aime. Mais je ne sais pas comment faire. Je n'ose pas lui parler. S'il te plaît, donne-moi la bonne recette.

Hélène,

62223 Saint-Laurent

ET LES GARÇONS? ILS ÉCRIVENT AUSSI...

● **Je veux qu'elle m'aime**

Je suis amoureux d'une fille de ma classe. Hélas, je crois bien qu'elle est amoureuse de mon meilleur copain. Pourrais-tu me dire comment faire pour qu'elle tombe amoureuse de moi?

Philippe,

31000 Toulouse

(«Fille», n. 1)

● Vous vivez peut-être l'une de ces trois expériences; écrivez à Paola, Hélène ou Philippe pour raconter ce que vous avez vécu et donnez des conseils.

> Cher
>
> Moi aussi j'aime...
>
>
>
>
> Tu peux...

Filles et garçons: un problème?	
Ils disent d'elles	**Elles disent d'eux**
Pour elles, il n'y a que les fringues qui comptent.	*Ils sont bêtes et grossiers.*
Les filles préfèrent rester entre elles.	*Ce sont encore des bébés.*
Elles sont bêtes, elles bavardent tout le temps.	*Ils ne pensent qu'au foot.*
De toute façon, l'amitié entre filles et garçons est impossible.	*Les garçons préfèrent rester entre eux.*

● Choisissez une affirmation avec laquelle vous êtes d'accord et une affirmation avec laquelle vous n'êtes pas d'accord et dites pourquoi.

sexe faible?... sexe fort?...

- **Lisez la lettre de Janine et dites si vous êtes d'accord avec elle et pourquoi.**

Que veut dire, en réalité, sexe «faible», sexe «fort»?

Janine, 16 ans: «Je dois dire que je m'oppose complètement à des mots tels que sexe «faible», sexe «fort». Je n'aimerais pas un homme dur, au contraire, je désire un ami affectueux, un garçon doux et tendre. Je me demande souvent à qui correspond l'image du cow-boy solitaire et de l'homme fort que nous renvoie la publicité.
Pour moi, un type est faible s'il se vante et s'il n'admet pas ses faiblesses; par contre, pour moi, une preuve de force, c'est de montrer ses sentiments, d'être tendre et attachant. Ceci n'a rien du tout à voir avec le fait d'être femme ou homme.»

(Passe-Partout, mai-juin 1985)

- **Regardez maintenant les deux photos publicitaires, comparez-les et dites quel rôle joue le personnage masculin.**

- **Ecoutez.**

- **Ecoutez de nouveau et complétez.**

Dans quelle ville se trouve le journaliste?_____

Quand ont lieu les séances d'entraînement?_____

Quel est le sport pratiqué par les personnes interrogées? _____

- **Ecoutez encore une fois et inscrivez le nom, la profession et l'âge des deux personnes interrogées; puis complétez d'après ce que vous avez entendu.**

NOM		
PROFESSION		
ÀGE		
J'ai choisi ce sport parce que...		

Comment ils voient l'école...

LE SYSTÈME SCOLAIRE FRANÇAIS

- **Regardez le schéma du système scolaire français. Dessinez à côté le schéma du système scolaire de votre pays. Présentez-le oralement.**

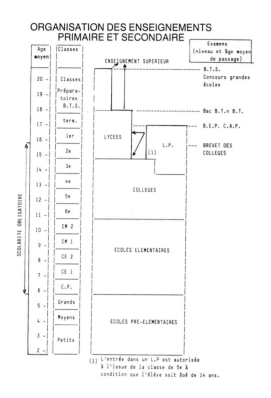

- **On a interrogé les lycéens français sur leurs professeurs. Voici quelques-unes de leurs réponses en pourcentage.**

Leur compétence
Etes-vous globalement satisfaits de vos profs ?

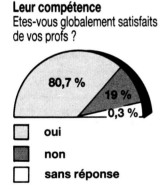

80,7 %
19 %
0,3 %

- oui
- non
- sans réponse

Le respect qu'ils inspirent
Eprouvez-vous du respect pour vos profs ?

82,4 %
12,8 %
4,8 %

- oui
- non
- sans réponse

La discipline
Trouvez-vous vos profs sévères ?

22,7 %   68,5 %
6,8 %
2 %

- trop
- pas assez
- ce qu'il faut
- sans réponse

(*Phosphore*, sept. 85, Bayard Presse)

Le rôle du prof

Quel est le rôle du prof ? Indiquez* les 3 réponses prioritaires.

Transmettre clairement des connaissances	85,4 %
Donner envie d'en savoir plus	62 %
Enseigner des méthodes plus efficaces	61,4 %
Assurer la réussite des examens	32,4 %
Aider les élèves en difficulté	25,3 %
Entretenir un climat de sympathie avec les élèves	23 %
Sans réponse	3,4 %

*Total supérieur à 100 car possibilité de réponses multiples.

- **A vous maintenant; lisez et indiquez vos trois réponses prioritaires avec une justification.**

  «Je crois que le rôle du professeur c'est de..... parce que....»

- **Comparez vos réponses avec celles de vos camarades et établissez une liste.**

Comment ils voient l'école...

● **Lisez cet article et trouvez les questions que le journaliste a posées pour obtenir les éléments soulignés comme réponse.**

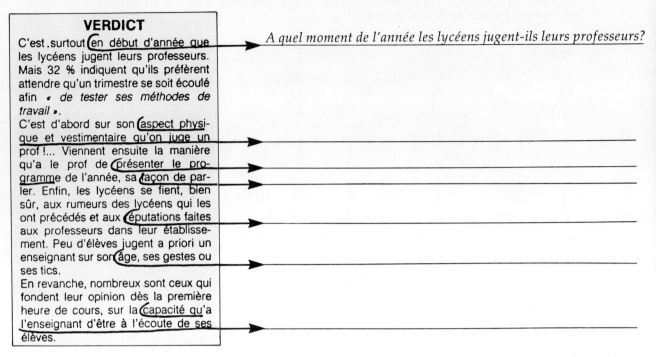

VERDICT

C'est .surtout en début d'année que les lycéens jugent leurs professeurs. Mais 32 % indiquent qu'ils préfèrent attendre qu'un trimestre se soit écoulé afin « de tester ses méthodes de travail ».
C'est d'abord sur son aspect physique et vestimentaire qu'on juge un prof !... Viennent ensuite la manière qu'a le prof de présenter le programme de l'année, sa façon de parler. Enfin, les lycéens se fient, bien sûr, aux rumeurs des lycéens qui les ont précédés et aux réputations faites aux professeurs dans leur établissement. Peu d'élèves jugent a priori un enseignant sur son âge, ses gestes ou ses tics.
En revanche, nombreux sont ceux qui fondent leur opinion dès la première heure de cours, sur la capacité qu'a l'enseignant d'être à l'écoute de ses élèves.

A quel moment de l'année les lycéens jugent-ils leurs professeurs?

Quelles sont selon vous les qualités du «bon prof»? Que doit-il faire et surtout que ne doit-il pas faire en classe?

● **Comparez maintenant vos réponses avec celles de vos camarades, puis dressez ensemble le portrait du professeur idéal.**

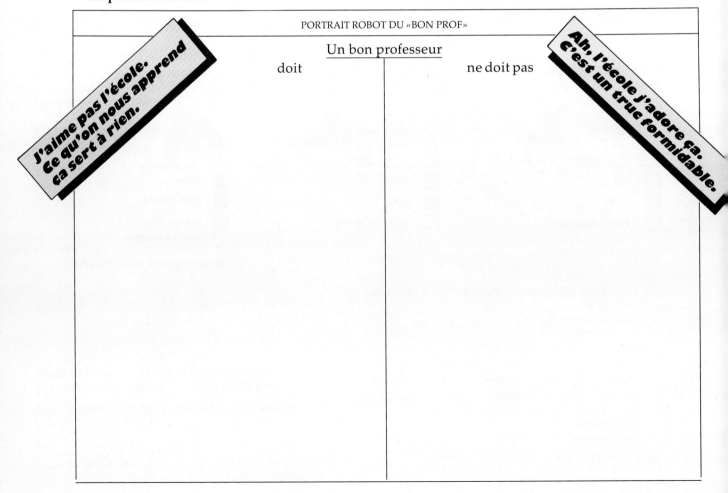

PORTRAIT ROBOT DU «BON PROF»

Un bon professeur

doit | ne doit pas

J'aime pas l'école. Ce qu'on nous apprend ça sert à rien.

Ah, l'école j'adore ça. C'est un truc formidable.

étape 2

IVEMENT LA 7ᵉ CHAÎNE !

(*Phosphore*, avril 86, Bayard Presse)

UNITE 5

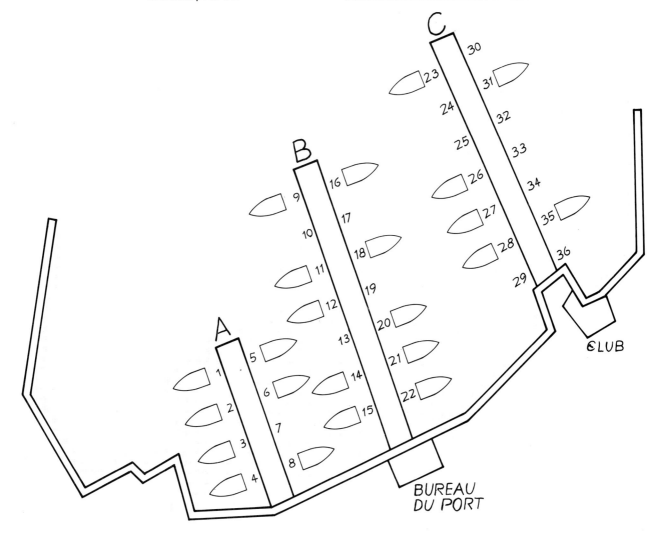

● Les vingt bateaux sont au port. Ecoutez et inscrivez les noms des bateaux à la place qu'ils occupent.

● Vérifiez ensuite vos réponses avec votre voisin.

«Quelle place occupe le Tropique du Cancer?»
Il occupe la place n°... entre le... et le...
en face du...
à côté de...
loin de... près de...

Liste des concurrents

Numéro	Nom du bateau	Concurrent	Pays
1	AMERICAN KISS	David CAMPBELL	U.S.A.
2	ATLANTIQUE SUD	Florence REBOUL	FRANCE
3	L'AVENTURE	Jean-Marc LECLERC	FRANCE
4	AURORA	Paolo CONTINI	ITALIE
5	LA BELLE PROVINCE	Marion DUPUIS	QUEBEC
6	BLITZ	Ursula RILKE	ALLEMAGNE
7	BONJOUR TENDRESSE	Bertrand VERRIER	FRANCE
8	CÔTE D'AZUR	Claude BOURGUIGNON	FRANCE
9	COW-BOY	Jane MILLER	U.S.A.
10	FANDANGO	Felipe GONZALES	ESPAGNE
11	LE GOÉLAND	Hervé MORNAY	FRANCE
12	MARIPOSA	Paco RODRIGUEZ	ESPAGNE
13	MIMOSA	Silvia BIANCHINI	ITALIE
14	NOSTRADAMUS	Hans STREIT	SUISSE
15	PORTOBELLO	James COOK	GRANDE-BRETAGNE
16	RIVIÈRE JAUNE	Françoise DEROCHE	FRANCE
17	ROCKER	Mike BENNET	GRANDE-BRETAGNE
18	ROSE DES VENTS	Yannick LE BIHAN	FRANCE
19	SERENITÀ II	Marco RIGHETTI	ITALIE
20	TROPIQUE DU CANCER	Thierry HARGOT	FRANCE

Port de plaisance de La Trinité-sur-mer

OBSERVEZ ET COMPAREZ

Les bateaux <u>ont quitté</u> le port.	/	Je <u>quitte</u> Brest demain.
J'<u>ai écouté</u> la radio.	/	<u>Ecoutez</u>!
Les bateaux <u>sont sortis</u> du port.	/	Je <u>sors</u> ce soir.
L'émission que j'<u>ai écoutée</u>.	/	J'<u>écoute</u> la radio tous les soirs.

- ● **Comparez les verbes de ces deux séries.**

    Que remarquez-vous?
    Combien d'éléments comportent-ils?

- ● **Comparez.**

    Les bateaux ont quitté le port. / Les bateaux sont sortis du port.
        auxiliaire/participe passé   *auxiliaire/participe passé*

    - ● **Comparez les deux auxiliaires. Pour savoir lequel choisir, regardez le dessin plus bas.**

    - ● **Vous pouvez aussi comparer:**

        L'émission que j'ai <u>écoutée</u>   /   j'ai <u>écouté</u> la radio

Pour apprendre à former le **passé composé**, allez voir le précis grammatical.

Comment trouver un moyen simple pour se souvenir des verbes qui, en français, se conjuguent avec l'auxiliaire être?
A l'Alliance Française de São Paulo au Brésil, des professeurs ont imaginé de construire une maison pour abriter tous les verbes conjugués avec être. Voici la maison.

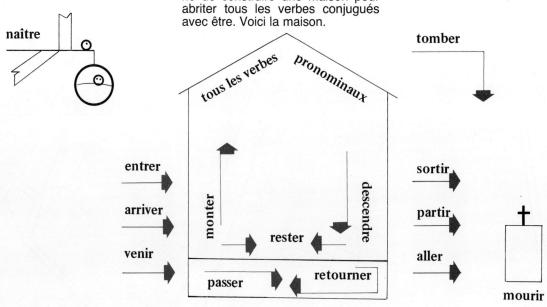

(Revue *Reflet*, n. 1, p. 10)

▶ 34

Ecoutez et imitez.

– Ils sont venus chez toi?
– Oui, et ils ont apporté un gâteau.
– Ils ont bien choisi... Ils sont partis tard?
– Non, ils ont quitté la maison vers 10 heures.

● **Lisez ce poème écrit par un professeur pour servir d'aide-mémoire. Vous allez le transformer. Vous choisissez un pronom: *je, tu, il, elle, nous* ou bien *ils* ou *elles*, et vous récrivez le texte.**

Ex.: *Je suis né un jour d'été.*
Je suis venu ici un matin.
Je suis arrivé...

ÊTRE ET DISPARAÎTRE

Vous êtes né un jour d'été
Vous êtes venu ici un matin
Vous êtes arrivé par les allées du jardin
Vous n'êtes pas resté longtemps
Vous êtes entré par la fenêtre
Vous êtes monté au septième étage
Votre journal à la main
Vous vous êtes excusé d'arriver si tard
Vous vous êtes assis
Vous vous êtes mis à parler
Votre journal est tombé
Vous vous êtes arrêté de parler
Vous vous êtes levé
Vous vous êtes excusé de partir si tôt
Vous êtes descendu du septième étage

Votre journal à la main
Vous êtes allé à la fenêtre
Vous êtes parti par les allées du verger
Vous êtes passé devant le gardien sans le regarder
Vous êtes sorti par la grille sans la fermer
Vous êtes retourné chez vous sans un mot
Vous n'êtes jamais revenu dans ce jardin
Vous êtes mort un jour d'été
D'une flèche d'amour égarée.

(Poème de Marc Argaud, Revue *Reflet*, n. 1, p. 10)

(dessin de Didier Bonnaffe)

La télévision aussi parle quelquefois de la voile et des courses de voiliers.

● **Regardez ce programme de télévision. Lisez-le très rapidement. Voyez-vous une émission qui parle de ce sujet?**

Mercredi
15 janvier

TÉLÉVISION FRANÇAISE 1

07.30 RFE : Terre à la une ; 10.15 **ANTIOPE 1** ; 10.45 **Salut les petits loups** ; 11.45 **La Une chez vous** ; 12.05 **Tournez... manège.**
13.00 Journal.
13.50 Vitamine (dessins animés, feuilletons, variétés...)
16.05 Série : La petite maison dans la prairie.
17.00 La chance aux chansons.
17.25 Série : Billet doux.
18.25 Mini-journal pour les jeunes.
18.40 Série : la vie des Botes (et à 19 h 10).
18.45 Feuilleton : Santa-Barbara.
19.30 Loto sportif.
19.40 Cocoricocoboy.
19.53 Tirage du Tac-O-Tac.
20.00 Journal.
20.35 Tirage du Loto.
20.40 **Série : la Guerre du cochon.**
Histoire de J. Lhote, réal. G. Chouchan. Avec B. Fresson, J. Goupil, P. Doris...
(Lire notre article.)
21.35 Série : Voyages intérieurs.
De D. Frischer.
La psychanalyse, côté divan. Deuxième partie de cette série qui garde le même principe : la parole donnée aux analysés. Même si certains ont eu des déceptions, tous ne regrettent pas cette aventure unique.
22.35 Performances.
Magazine de l'actualité culturelle de M. Cardoze. Invitée : Madeleine Rebérioux, historienne. Au sommaire : l'enfance ordinaire de Gérard de Cortanze, par Viviane Jungfer ; Orsay 1986 : Le musée entre en gare.
23.05 Journal.
23.20 C'est à lire.
23.35 Sport : Tennis.
Tournoi des Masters, en direct de New-York.

ANTENNE 2

6.45 Télématin. 9.00 Récré A 2 (Heidi ; Le carnet de bord... ; Le monde selon Georges). 12.00 Journal et météo. 12.05 Jeu : l'Académie des neuf.
12.45 Journal.
13.30 Feuilleton : la Vallée des peupliers.
14.00 Téléfilm : le retour des mystères de l'Ouest.
de B. Bowers, réal. B. Kennedy (Redif.)
15.35 Récré A 2.
Les Schtroumpfs ; les Poupies ; Clémentine ; Flip Bouc.
17.00 Magazine : Terre des bêtes.
Les animaux de nuit.
17.30 Super Platine.
Avec Zinno, Gold, Arcadia, Téléphone, Corey Hart, Benjamin Minimum.
18.00 Série : Anna et le roi.
18.30 C'est la vie.
18.50 Jeu : Des chiffres et des lettres.
19.10 D'accord pas d'accord (INC).
19.15 Emissions régionales.
19.40 Jeu : la Trappe.
20.00 Journal.
20.35 **Le grand échiquier.**
Emission de J. Chancel.
Julien Clerc, entouré de Brigitte Engerer, Frédéric Lodéon, Michel Boujenah, Renaud, Marc Lavoine... et d'autres, interprète quelques-unes de ses chansons. Que de chemin parcouru depuis « Hair » ! Le bel éphèbe a négocié le tournant de la trentaine avec brio !
23.15 Journal.
23.40 Bonsoir les clips.

FRANCE RÉGIONS 3

17.00 Télévision régionale.
Programmes autonomes des douze régions. Sauf à 17 h où l'on verra sur tout le réseau : L'âge en fleur ; à 17 h 30 Fraggle rock ; à 18 h 55, la Panthère rose ; à 19 h 40, Un journaliste un peu trop voyant.
19.55 Dessin animé : les Entrechats.
20.05 Les jeux.
20.35 La Fête en France (s) : Bienvenidos, Benvidos, Bienvenue à Strasbourg.
Emission de variétés mensuelles des régions.
Pour fêter leur entrée dans la communauté économique européenne, l'Alsace accueille l'Espagne et le Portugal dans l'hémicycle du Parlement européen à Strasbourg pour une soirée de variétés internationales. Avec Sacha Distel, Mia Patterson, Ana Zanatti, Miguel Bose, le groupe Mecano, Linda de Suza... et des personnalités politiques : MM. Pierre Pflimlin et Marcelino Oréja.
21.40 Thalassa.
Magazine de la mer de Georges Pernoud. Spécial Salon nautique : vivre la mer au féminin.
Portraits de femmes, professionnelles de la mer ou des métiers liés au monde maritime ; A Auckland, hit-parade des skippers à l'arrivée de la Course autour du monde ; une visite et les nouveautés du Salon par des navigatrices.
22.25 Journal.
22.55 Comment se débarrasser de son patron.
Réal. M. Zinberg.
Un changement de programmation de dernière minute a supprimé l'émission « Cinéma sans visa ». Un épisode du feuilleton diffusé cet été le remplace. Curieux bouche-trou !
23.20 Prélude à la nuit.

● **Lisez rapidement et classez les émissions dans le tableau suivant en indiquant l'heure et le titre de l'émission.**

1
      heure   titre de l'émission

journal _____

magazine (arts, sciences, littérature, nature...) _____

fiction (téléfilms, films, feuilletons, séries...) _____

jeux _____

variétés (chansons, spectacles...) _____

émissions sportives _____

émissions pour la jeunesse _____

2
      heure   titre de l'émission

journal _____

magazine (arts, sciences, littérature, nature...) _____

fiction (téléfilms, films, feuilletons, séries...) _____

jeux _____

variétés (chansons, spectacles...) _____

émissions sportives _____

émissions pour la jeunesse _____

3
      heure   titre de l'émission

journal _____

magazine (arts, sciences, littérature, nature...) _____

fiction (téléfilms, films, feuilletons, séries...) _____

jeux _____

variétés (chansons, spectacles...) _____

émissions sportives _____

émissions pour la jeunesse _____

Je ne pouvais pas dormir:
j'ai regardé la télé très tard
sur la 1ère chaîne.

Hervé Mornay,
26 ans, informaticien.

Il est passionné
de sport, mais
l'actualité politique
l'intéresse aussi.

Ce soir-là, je devais sortir,
mais il faisait froid et je suis
resté à la maison.

Bertrand Verrier,
30 ans, avocat.

Il visite tous les
musées, il lit
beaucoup de livres
d'histoire.

La musique, c'est ma vie!

Françoise Deroche,
28 ans,
chef d'orchestre.

J'adore les feuilletons, les
séries, enfin tout ce qui raconte une histoire.

Florence Reboul,
22 ans,
étudiante.

on peut dire:	mais	on dit plutôt:
parce qu'il est passionné de sport et parce qu'il ne pouvait pas dormir		parce qu'il est passionné de sport et qu'il ne pouvait pas dormir

Ces quatre spectateurs ont tous les quatre allumé la télévision ce mercredi; mais ils n'ont pas choisi les mêmes émissions.

● **Vous connaissez leurs goûts, écrivez ce qu'ils ont regardé et donnez la raison de ce choix.**

Hervé Mornay a regardé _____ sur la 1ère chaîne **parce qu'**il est passionné de sport et **qu'**il ne pouvait

pas dormir. Il a regardé aussi _____.

Florence Reboul _____

Bertrand Verrier _____

Françoise Deroche _____

● **Vous étiez en France le mercredi 15 janvier 1986 et vous aussi, vous avez regardé la télévision. Qu'est-ce que vous avez choisi? Pourquoi?**

«Thalassa», la mer à voir

Pour ses dix ans d'existence, *Thalassa*, émission sur la mer unique en Europe, est enfin diffusée à heure fixe! Chaque mercredi à 21 h 30 à partir d'aujourd'hui. Pour les deux millions et demi de spectateurs fidèles à Georges Pernoud et à son équipe, c'est une victoire méritée...

«La création de *Thalassa* remonte au 25 septembre 1975. J'avais des responsabilités au journal national de la chaîne. Comme j'avais participé, en 1973, à la première course autour du monde (NDLR. – *Thalassa* diffuse ce soir le départ à Portsmouth de la quatrième), j'avais depuis longtemps envie de

monter un magazine de la mer. Cela a commencé par trente minutes mensuelles. C'était un peu ma «récréation» en plus de mon travail. Et puis... ça a marché! Aujourd'hui, l'équipe produit quarante minutes hebdomadaires.»

(*Le Matin*, 2 octobre 1985)

● **Chiffres et explications sont dans le désordre. Reliez par une flèche le chiffre ou la date et les explications qui correspondent.**

mercredi, 21h30
1973
40 minutes hebdomadaires
10 ans
2 millions et demi
30 minutes mensuelles
25 septembre 1975

nombre de spectateurs fidèles
création de Thalassa
heure de diffusion de l'émission
durée de l'émission aujourd'hui
1ère course autour du monde
durée de l'émission au commencement
durée d'existence du magazine de la mer

 OBSERVEZ ET COMPAREZ

Combien de fois avez-vous entendu le verbe avoir?
Combien de formes différentes avez-vous entendues?

Observez maintenant.
– «Tu sais, j'avais des responsabilités au journal national.
– C'est vrai, tu avais beaucoup de responsabilités.
– Il avait, en effet, des responsabilités importantes.
– Mais nous avions nous aussi des responsabilités.
– C'est faux, vous par exemple, vous n'en aviez pas.
– Ils n'avaient pas tous les mêmes responsabilités».

Observez comment ces formes s'écrivent. Pour apprendre à former l'**imparfait**, allez voir le **précis grammatical**.

32 ▶

● **A vous... Complétez d'abord la colonne de gauche puis celle de droite.**

INFINITIF	PERSONNE	PRÉSENT	PERSONNE	IMPARFAIT
avoir	4	nous avons	5	vous aviez
venir	4		2	
parler	4		4	
devoir	4		1	
vouloir	4		3	
aller	4		6	
choisir	4		2	
faire	4		5	
dire	4		3	
mettre	4		4	
être	4		2	
pouvoir	4		6	
écrire	4		5	

● **Regardez ce dessin: que voyez-vous?**

● **Sur la page blanche, essayez d'exprimer tout ce que vous voulez dire. Vous pouvez écrire quelques phrases, rédiger un paragraphe, dessiner quelque chose...**

(Y. Pommaux, *Façon de parler*, Ed. du Sorbier)

Nous avons enregistré pour vous une conversation radio entre le marin du Goéland (A) et son frère (B) qui habite Nantes. Malheureusement, à cause de problèmes techniques, l'enregistrement n'est pas complet.

● **A vous d'imaginer ce qui manque.**

B. _____

A. *Ah bon, il a coulé? Je n'ai rien vu. J'étais trop loin sans doute.*
B. _____
_____

A. *Il a fait beau mais assez frais. La nuit dernière, on avait un vent plutôt favorable mais ce matin, ce n'est pas terrible.*
B. _____

A. *C'est pour ça que tu m'as appelé! Ecoute, la clé du garage, tu le sais très bien, je la mets toujours dans le deuxième tiroir de mon bureau. Cherche un peu, il y a sûrement du désordre mais tu dois la trouver et puis j'ai autre chose à faire. Débrouille-toi comme un grand.*
B. _____

A. *Zut, j'ai complètement oublié. On va encore nous couper la ligne. Regarde dans mon courrier, tu vas trouver un dossier: «Factures-téléphone»... Est-ce que tu peux payer pour moi?*

● **Jouez maintenant ce dialogue avec un camarade.**

 ● **Ecoutez: nous avons nous aussi reconstitué cette conversation, écoutez-la et comparez-la avec ce que vous avez écrit.**

● **Regardez ce dessin et lisez le dialogue.**

Marceline ne fait même pas attention à moi.

Tu n'as qu'à lui dire que tu l'aimes.

J'ose pas.

Tu es bête ! Vas-y, ce n'est pas la mer à boire.

(Y. Pommaux, *Façon de parler*, Ed. du Sorbier).

14

● **Ecoutez maintenant l'enregistrement et imitez.**

● **Comparez cette page avec celle qui était reproduite sur la page précédente. Que constatez-vous?**

● **Dans la page blanche que nous vous avons laissée, à vous maintenant de créer un autre dialogue dans une autre situation, où vous utiliserez l'expression «Ce n'est pas la mer à boire».**

la mer à boire/la mer à voir

● **Comprenez-vous mieux le jeu de mot contenu dans le titre de l'article: «Thalassa, la mer à voir»? Que veut dire ce titre?**

IL FAUT... IL NE FAUT PAS... IL FAUT... IL NE FAUT PAS..

1. Il pleut, ralentissez!

2. En montagne, ne partez jamais seul.

3. NE PRENEZ PLUS L'ASCENSEUR, PRENEZ LE POUVOIR!

4. Déposez vos économies dans un établissement bancaire.

6. Ne plongez jamais seul.

7. *Utilisez les passages protégés.*

SOYEZ NATURE.

Edité par le Secrétariat d'Etat auprès du Premier Ministre chargé de l'environnement et de la qualité de la vie. 14, Bd du Général-Leclerc, 92524 NEUILLY-SUR-SEINE. Cedex.

ESSUYEZ-VOUS LES IDÉES AVANT D'ENTRER

5. PARLEZ A VOS VOISINS!

Nature. Mode d'emploi.
Enterrez vos soucis et vos boîtes de conserves (Samivel).

8. **Défense de fumer.**

9. *Ouvrez les fenêtres de votre cœur.*

10. **Gardez votre ville propre.**

11. Ne tenez pas votre sac à main côté rue.

12. SOYEZ REALISTES, DEMANDEZ L'IMPOSSIBLE!

●13. Choisissez une plage surveillée.●

14. *Stationnement interdit.*

● **Complétez ce tableau en travaillant sur les slogans de la page précédente.**

	A qui?	Dans quelle situation? à quel endroit?
1		
2		
3		
4		
5		
6		
7		
8		
9		
10		
11		
12		
13		
14	*aux automobilistes*	*en ville dans certaines rues*

● **Continuez ce petit texte en vous servant des expressions présentées dans l'ancre.**

il faut, il ne faut pas...

A. Ne mange pas avec les doigts!
B. Il ne faut pas parler la bouche pleine.
C. Il est interdit de parler à table.
D. Tu ne dois pas mettre les coudes sur la table.
E. Défense de fumer.
F. Venez au tableau.
G. Pêche interdite!

NE TOUCHE PAS AU FEU!
Me disait mon grand-père.

IL NE FAUT PAS _____
Me disait _____

_____
_____
_____
_____
_____
_____

IL EST INTERDIT D'INTERDIRE!
Disaient les étudiants en Mai 68.

● **Classez les conseils ou les interdictions de la page 75 selon le type de phrase présenté dans l'ancre.**

Ex.: (10) *Gardez votre ville propre: F*
(1) _____
(2) _____
(3) _____
(4) _____
(5) _____
(6) _____
(7) _____
(8) _____
(9) _____
(11) _____
(12) _____
(13) _____
(14) _____

AUTREFOIS... AUJOURD'HUI...

De mon temps...
Quand j'étais jeune...
Autrefois...

● **Faites parler le personnage....**

«*De mon temps, les gens vivaient....*

1. Complétez.

Commentez les interdictions représentées en suivant le modèle.

Il est interdit de stationner à cet endroit.
Vous ne devez pas stationner à cet endroit.
Défense de stationner à cet endroit.
Il ne faut pas stationner à cet endroit.
Ne stationnez pas à cet endroit.

2. Cherchez le verbe.

Vous devez raconter le début de l'histoire qui suit à des enfants.
1. Soulignez tous les verbes conjugués.
2. Transformez le texte en utilisant le passé composé et l'imparfait de l'indicatif quand c'est nécessaire.
3. Ecrivez votre transformation.

LE SECRET DE BABOUCHKA

Rouletabosse atterrit à Moscou par un beau matin d'août. Il prend un taxi et se fait conduire à la place Rouge qui est au centre de la ville. Le ciel, lavé par les orages de la nuit, est d'un bleu pâle et clair sur lequel se détachent les coupoles multicolores de la basilique Basile le Bienheureux. Rouletabosse aime tout de suite la forme des églises russes, avec leurs clochers en boule comme d'énormes bilboquets plantés dans le sol.

Il commence à faire chaud et déjà la file des visiteurs s'étire le long du mur du Kremlin jusqu'à l'entrée du mausolée de Lénine. Rouletabosse achète un verre de jus de fraise glacé à une marchande du coin de la rue Gorki et va s'asseoir sur une marche du grand magasin Goum. Il tire de sa poche la dépêche que lui a remise Bob Morasse.

(Robert ESCARPIT,
Les reportages de Rouletabosse,
Le Livre de Poche Jeunesse)

3. Traitez les informations.

Une personne âgée raconte: «Dans ma jeunesse, tout était différent...»
Ecrivez son récit en introduisant les informations proposées. Vous pouvez en imaginer d'autres.

– pas de voitures	– peu de pollution	– moins de liberté pour les filles
– vie calme et plus simple	– pas de télévision	– plus de travail
– nourriture plus naturelle	– moins d'argent pour les jeunes	– moins de divertissements variés

4. La fabrique d'exercices.

Vous allez fabriquer un règlement.
Avec votre professeur, choisissez le lieu où il s'applique (ex: la classe), et le groupe concerné (ex: les élèves de la classe).
Rédigez votre règlement : 1. Il est interdit de .....
                         2. ......

Affichez tous les règlements et fabriquez un seul texte pour tout le groupe.

RESPECTEZ-LE!   ou   FAITES-LE RESPECTER !

5. A vos dictionnaires!

Cherchez les adjectifs correspondants aux définitions qui suivent.
Ils comportent tous le suffixe -ible ou - able.

Ce qu'on peut accepter: _____   Ce qu'on peut faire: _____

Ce qui ne peut être usé:_____   Ce qu'on peut comprendre: _____

Ce qu'on doit préférer: _____   Ce qu'on peut tolérer: _____

Ce qui peut convenir: _____   Ce qui ne peut être cassé:_____

Ce qu'on peut prévoir: _____

LES SONS [l] ET [r]

Dans certaines langues, il n'existe pas de différence importante entre le son [l] et le son [r].
En français, par contre, le changement de son entraîne un changement de sens.
Exemple: [l] **lit** (n.m.) = meuble sur lequel on s'allonge pour dormir.
          lit = 3ᵉ personne, singulier, du présent de l'indicatif du verbe «lire».
     [r] **rit** = 3ᵉ personne, singulier, du présent de l'indicatif du verbe «rire».

POUR FAIRE LE POINT

- **Ecoutez et indiquez dans quelle syllabe vous avez entendu le son [r].**
- **Ecrivez ensuite les mots que vous avez entendus.**
  N.B. : Chaque tiret représente une syllabe.

1.   ____
2.   ____ ____ ____
3.   ____ ____
4.   ____ ____
5.   ____
6.   ____ ____
7.   ____
8.   ____ ____

- **Ecoutez et mettez une croix dans la bonne case.**
- **Ecrivez ensuite les mots que vous avez entendus.**

	[l]	[r]
1		
2		
3		
4		
5		
6		
7		
8		

- **Pour vous délier la langue, apprenez ces poèmes par cœur.**

Libellule
        Elle
vole
    de   ses propres
       L

        Jacques Canut

Berceuse

Mon amour dort. Dans la nuit
Une mandore s'ennuie
Et j'entends, j'entends mon cœur,
Mille grillons l'accompagnent,
Un carillon de campagne
Des grelots sous chaque fleur.

        Pierre Seghers

(tirés de *Le livre de tous les jours, Mon premier agenda*, Folio Benjamin)

POUR BIEN PRONONCER LES SONS [l] ET [r]

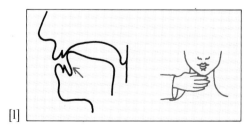

[l]

La bouche entrouverte, appuyez la pointe de la langue contre les incisives supérieures.
Les cordes vocales vibrent.
L'air doit s'échapper des deux côtés de la langue.

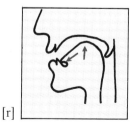

[r]

La bouche entrouverte, appuyez la pointe de la langue contre les incisives inférieures.
Le dos de la langue est en contact avec le voile du palais.
Les cordes vocales et la luette vibrent.

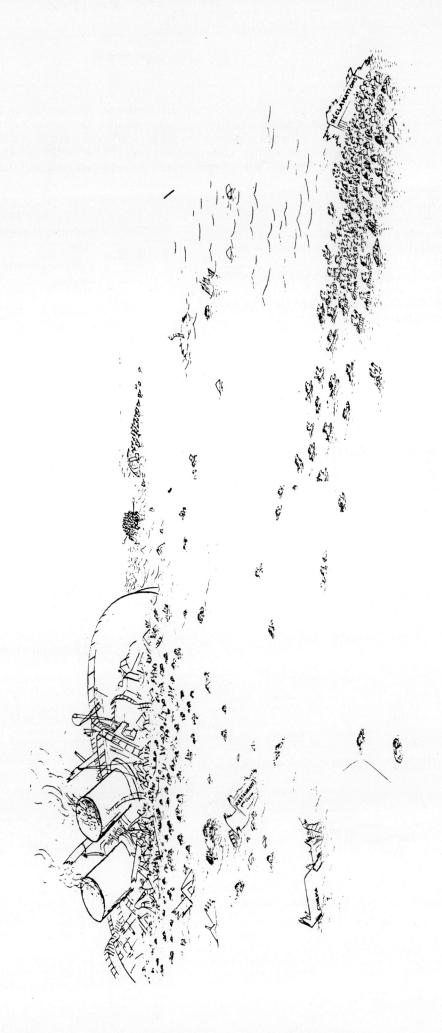

(Sempé, *Sauve qui peut*, Denoël)

UNITE 6

 Avec les concurrents de la course, écoutons la radio.

- Combien d'émissions différentes avez-vous entendues? Inscrivez les chiffres dans le tableau suivant pour numéroter les extraits.

- Ecoutez une deuxième fois; quand vous entendez une voix d'homme, dessinez ceci: ♂ ; quand vous entendez une voix de femme, dessinez cela: ♀

- Pour compléter le reste du tableau, écoutez encore une fois. Vous ne comprenez pas tout mais vous pouvez deviner de quel type d'émission il s'agit. Mettez une croix dans la case correspondante.

EXTRAITS	Nᵒ	Nᵒ	Nᵒ	Nᵒ	Nᵒ	Nᵒ	Nᵒ	Nᵒ	Nᵒ	Nᵒ
Homme ou femme										
TYPE D'ÉMISSION										
Bulletin météorologique										
Reportage sportif										
Bulletin d'informations										
Jeu										
Message publicitaire										
Emission de variétés										

- Vous avez entendu des messages publicitaires. Pouvez-vous dire quels produits ils présentaient?

- De quoi parlaient les autres extraits?

- Le même jour, on pouvait lire dans les journaux les titres suivants. Lisez-les. De quoi peuvent parler les articles qui portent ces titres?

La «6»:
la chaîne en jeans

Bolivie
Remaniement ministériel
et grève générale

Chômage:
légère baisse

LES BRITANNIQUES
NE JOUENT
PAS LE JEU

CONTACTS
PLUS ÉTROITS
AVEC L'EST

Deux cents morts à Beyrouth?

C'est le printemps!

PAS DE PANIQUE

Attentat
dans le T.G.V.

L'observation d'Uranus

Election présidentielle au Portugal

La liberté
est française

Le dollar à 7,36 francs

OBSERVEZ ET COMPAREZ

Ex. 1: *Le bulletin d'informations présente des <u>événements</u>. Ces <u>événements</u> viennent de se produire.*

Ex. 2: *Le bulletin d'informations présente des <u>événements qui</u> viennent de se produire.*

Combien de phrases trouvez-vous dans le premier exemple? et dans le deuxième?

Observez la répétition dans le premier exemple. Est-ce que vous la retrouvez dans le deuxième?

Les messages publicitaires proposent des <u>produits</u>. Vous pouvez acheter ces <u>produits</u>.
Les messages publicitaires proposent des <u>produits</u> que vous pouvez acheter.

Observez ces deux exemples comme les exemples précédents.

Les <u>messages publicitaires</u> passent à la radio. Les <u>messages publicitaires</u> présentent des <u>produits</u>. Vous pouvez acheter ces <u>produits</u>.
Les <u>messages publicitaires qui</u> passent à la radio présentent des produits que vous pouvez acheter.

A votre avis, pourquoi dans certains exemples remplace-t-on le groupe du nom par *qui* et dans d'autres par *que*?

Jean-Marc Leclerc raconte l'accident dont il a été victime

«C'est pas l'homme qui prend la mer, c'est la mer qui prend l'homme.» Couché dans son lit d'hôpital, Jean-Marc Leclerc chante la chanson de Renaud.

Par la fenêtre de sa chambre, on voit la mer, mais Jean-Marc Leclerc n'a pas envie de regarder cet océan qui vient de lui prendre son bateau. Il vient de se réveiller, il se sent mieux et peut maintenant raconter l'accident qui lui est arrivé. «Il était midi juste. Je me trouvais exactement en face de la bouée du Rat quand j'ai remarqué que le Portobello, le bateau qui se trouvait à bâbord, s'approchait très rapidement. J'ai tout de suite compris que quelque chose allait arriver. Est-ce que moi aussi j'allais trop vite? Comment savoir? Tout va bien pendant des heures et puis tout à coup, il y a une vague, un coup de vent, un autre bateau qui vous coupe la route. Alors...quelques secondes plus tard, j'ai senti un choc violent sur le côté. J'ai entendu un énorme bruit. Le mât a cassé, la coque aussi. J'ai dû tomber et pendant une minute j'ai pensé que j'allais mourir. Le bateau était silencieux, je regardais la mer et je savais que la course était finie pour moi. Après, plus rien. Le choc, le vide, le noir complet. C'est l'eau qui m'a réveillé. Le ciel était plus sombre, le vent plus fort. L'Aventure était en train de couler. J'ai aperçu les secours qui arrivaient.»

Jean-Marc Leclerc a été transporté à l'hôpital. Il n'est que légèrement blessé et pourra bientôt rentrer chez lui.

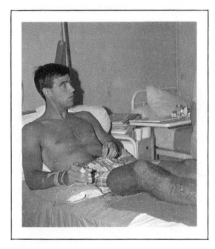

● **En racontant son accident, J.-M. Leclerc a utilisé plusieurs fois le pronom relatif *qui*. Pouvez-vous retrouver les phrases où il l'emploie et les écrire dans le tableau suivant?**

nom	**qui**	suite de la proposition
cet océan	qui	vient de lui prendre son bateau

● **A vous maintenant de raconter un accident (ou une aventure) qui vous est arrivé. Servez-vous des expressions qui sont indiquées.**

Il était _____ Je me trouvais _____

_____ Tout à coup _____ Alors _____

_____ Quelques instants plus tard _____ Pendant un moment _____

_____ Puis _____

● **En vous aidant des exemples donnés p. 82 transformez les phrases qui suivent. Attention, il faut choisir le bon pronom: *qui* ou *que* (*qu'*).**

Ex.: *Le bulletin d'informations présente des événements. Ces événements viennent de se produire.*
Le bulletin d'informations présente des événements qui viennent de se produire.

1. Cette crème contient des plantes. Cette crème permet à votre peau de retrouver sa santé.
2. Nous avons préparé pour votre chat trois recettes avec des poissons. Il aime les poissons.
3. Elisabeth est un ancien mannequin. Ce mannequin ne connaissait pas le secrétariat.
4. Les deux gagnantes ont connu une aventure extraordinaire. Nous vous présentons ces deux gagnantes aujourd'hui.
5. J'aime les gens volontaires. Les gens volontaires savent choisir.
6. J'écris un roman. Ce roman se passe au XVIème siècle.
7. J'ai choisi une profession. Mes parents n'aimaient pas cette profession.

● **Il faut encore choisir entre *qui* et *que*.**
Vous complétez ces phrases en écrivant le pronom qui convient.

1. Cette enquête répond aux questions _____ vous vous posez.

2. Les secrétaires _____ gagnent plus que leur patron sont rares.

3. Cet auteur américain a traduit en français les ouvrages _____ il a écrits sur la seconde guerre mondiale.

4. Il aime les femmes _____ commandent.

5. Elle a écrit un roman _____ raconte une histoire d'amour.

6. Je n'accepte jamais les situations _____ je ne comprends pas.

7. L'ordinateur fabrique de nouvelles images _____ transforment notre façon de voir le monde.

Comment ça va?					
J'ai mal	au pied gauche aux oreilles à la gorge.	Je suis Je suis	bien. heureux content en pleine forme.	Je suis Je suis	mal. triste furieux fatigué.

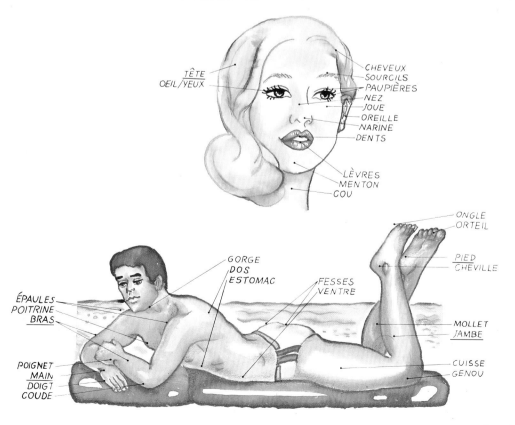

COMMENT TE SENS-TU? COMMENT VOUS SENTEZ-VOUS?

● **Complétez ces phrases en utilisant les tournures suivantes:**

"Je me sens..."
"J'ai mal à..."
"Je suis..."

On dit que je suis le plus beau (la plus belle), je suis très content(e).

Je suis tombé(e) de vélo, _____

J'ai écouté un très bon disque, _____

Tout le monde est méchant avec moi, _____

Je me couche très tard le soir, _____

Mes copains sont partis, _____

J'ai pris froid, _____

● **Transformez ces mêmes phrases sur le modèle suivant. Si vous êtes un garçon, utilisez le modèle A, une fille le modèle B.**

A. On dit qu'**il** est le plus beau, il est très content.
B. On dit qu'**elle** est la plus belle, elle est très contente.

Savez-vous ce que veulent dire ces expressions?

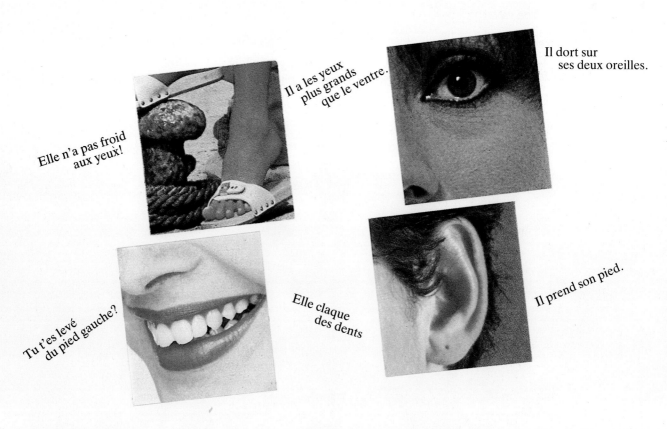

Elle n'a pas froid aux yeux!

Il a les yeux plus grands que le ventre.

Il dort sur ses deux oreilles.

Tu t'es levé du pied gauche?

Elle claque des dents

Il prend son pied.

● **Nous avons cherché à votre place dans un dictionnaire. Tracez une flèche pour relier les phrases à leurs définitions.**

prendre plus que l'on ne peut manger   avoir de l'énergie, du courage
dormir profondément   avoir froid ou peur
être de mauvaise humeur   éprouver beaucoup de plaisir

- **Ecoutez.**

- **Répondez aux questions suivantes:**
  - Combien de personnes parlent?
  - Est-ce que vous les connaissez déjà?
  - Quelle est leur profession?
  - Que s'est-il passé avant cette conversation?

  - Où le blessé veut-il partir en vacances? Que va-t-il emporter avec lui?

- **Ecoutez et imitez.**
- **Dessinez à côté de chaque réponse un de ces trois visages:**

  ☹ 😐 ☺

- **Est-ce que vous pouvez marquer d'une croix sur le dessin les endroits où le blessé a mal?**

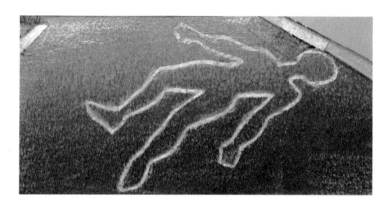

Ça va?

Pas du tout	
Oui, pas mal	
En pleine forme	
Très mal	
Très bien	
Bof	

Voici le télégramme que Jean-Marc a envoyé à ses parents.

⟩⟩ N° 698 TÉLÉGRAMME	Étiquettes		N° d'appel :	
		Timbre à date	INDICATIONS DE TRANSMISSION	
Ligne de numérotation				
ZCZC	N° télégraphique	Taxe principale.		
		Taxes accessoires	N° de la ligne du P.V. :	
Ligne pilote			Bureau de destination Département ou Pays	
		Total . .		
Bureau d'origine	Mots	Date	Heure	Mentions de service

Services spéciaux demandés : (voir au verso)	Inscrire en **CAPITALES** l'adresse complète (rue, n° bloc, bâtiment, escalier, etc...), le texte et la signature (une lettre par case ; laisser une case blanche entre les mots).
	Nom et adresse M O N S I E U R E T M A D A M E
	L E C L E R C 2 7 R U E D U P O R T
7 0 1 3 0 V A N N E S	
TEXTE et éventuellement signature très lisible	A C C I D E N T S A N S G R A V I T E F R A C T U R E
	C H E V I L L E H O S P I T A L I S E P O U R Q U E L Q U E S
	J O U R S L E T T R E S U I T
	J E A N M A R C

Pour accélérer la remise des télégrammes indiquer le cas échéant, le numéro de téléphone (1) ou de télex du destinataire   TF _____ TLX _____

Pour avis en cas de non remise, indiquer le nom et l'adresse de l'expéditeur (2) :

Jean-Marc va maintenant écrire à ses parents pour leur donner plus de détails.

● **Rédigez cette lettre.**

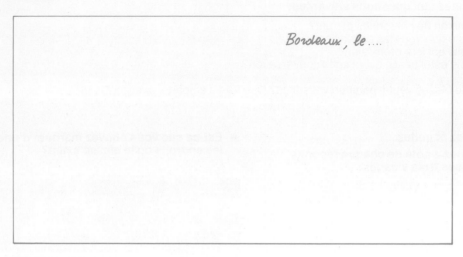

Bordeaux, le ....

● **Un télégramme doit être très court. Celui qui suit est beaucoup trop long. A vous de le raccourcir en barrant les mots inutiles.**

> CHERE ANNIE, J'ARRIVERAI PAR LE TRAIN LUNDI
> MATIN VERS 7 HEURES TRENTE. IL EST INUTILE DE
> VENIR ME CHERCHER, JE PRENDRAI UN TAXI.
> A BIENTOT, JE T'EMBRASSE.
> VALERIE

● **Quels télégrammes pouvez-vous rédiger dans les situations suivantes? Choisissez une situation et écrivez votre télégramme dans le formulaire.**

– Vous confirmez la réservation de deux chambres individuelles du 1er au 15 mars à l'Hôtel du septième Art, 20 rue Saint-Paul, Paris, 75004.

– Vous êtes en voyage en France. Vous annoncez à vos parents que vous venez de vous faire voler tous vos papiers et votre argent, et que vous êtes obligé de rentrer immédiatement chez vous.

– Vous avez gagné 10 000 francs en jouant au loto avec un ami français qui vient juste de partir en vacances au bord de la mer. Vous lui annoncez la bonne nouvelle.

Services spéciaux demandés : (voir au verso)	Inscrire en **CAPITALES** l'adresse complète (rue, n° bloc, bâtiment, escalier, etc...), le texte et la signature (une lettre par case ; **laisser une case blanche entre les mots**).
	Nom et adresse
TEXTE et éventuellement signature très lisible	

Pour accélérer la remise des télégrammes indiquer le cas échéant, le numéro de téléphone (1) ou de télex du destinataire
TF _____ TLX _____

Pour avis en cas de non remise, indiquer le nom et l'adresse de l'expéditeur (2)
_____

728678 Y - Cy, Paris - 7/80.

Vous êtes à la poste. Vous devez envoyer un télégramme.
● **L'employé vous aide à remplir le formulaire. Par groupes de deux, vous jouez la scène devant vos camarades.**

Regardez.

a (7)	la (5)	porte (2)
caressé (1)	le (2)	que (7)
chaise (1)	lettre (1)	quelqu'un (7)
chat (1)	lue (1)	refermée (1)
fruit (1)	mordu (1)	renversée (1)
	ouverte (1)	

(Les chiffres écrits entre parenthèses signifient que vous pouvez utiliser ce mot une fois, deux, trois, ...)

● **Vous allez essayer de fabriquer une série de phrases avec ces mots. Vous allez procéder en plusieurs étapes.**

1ère **étape:** recopiez les mots dans les colonnes qui conviennent.

2ème **étape:** fabriquez maintenant 7 phrases (ce sont plutôt des débuts de phrases).
ATTENTION: le mot placé dans la colonne 6 doit s'accorder avec le mot placé dans la colonne 2.

3ème **étape:** vous placez ces phrases dans l'ordre que vous voulez, puis vous recopiez votre texte et vous le lisez à vos camarades.

1	2	3	4	5	6
La	porte	que	quelqu'un	a	ouverte

 ● **Ecoutez maintenant le texte enregistré.**

Que constatez-vous? Etes-vous capables de transcrire le texte?
Bien sûr votre professeur arrête le magnétophone à chaque fois que c'est nécessaire.

AVEZ-VOUS AIMÉ LE TEXTE ENTENDU?

Ecoutez... Imitez

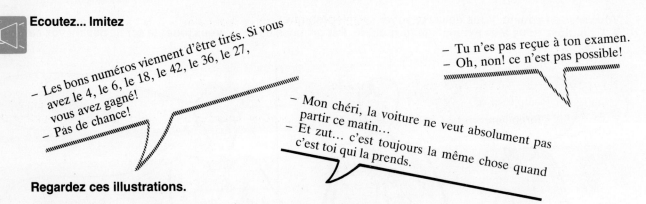

– Les bons numéros viennent d'être tirés. Si vous avez le 4, le 6, le 18, le 42, le 36, le 27, vous avez gagné!
– Pas de chance!

– Mon chéri, la voiture ne veut absolument pas partir ce matin...
– Et zut... c'est toujours la même chose quand c'est toi qui la prends.

– Tu n'es pas reçue à ton examen.
– Oh, non! ce n'est pas possible!

Regardez ces illustrations.

- ● **Indiquez sous chaque situation le numéro du tableau en bas de page qui correspond.**

- ● **Dites où a eu lieu l'accident.**

- ● **Choisissez une situation. Vous êtes le témoin qui a appelé l'ambulance et vous racontez ce qui s'est passé.**

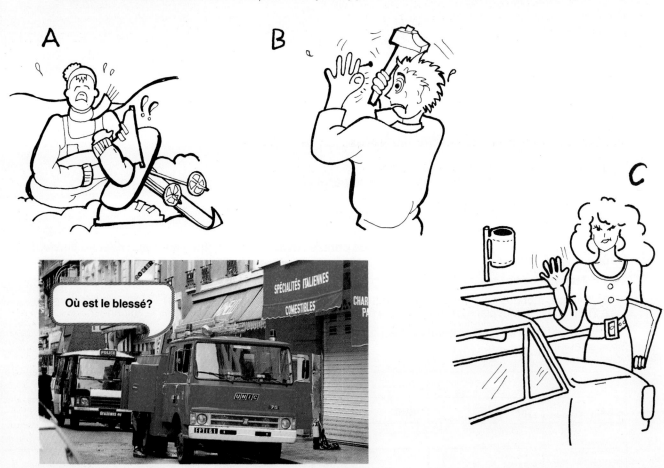

1	**2**	**3**
un conducteur, une conductrice un piéton un agent de police un carrefour traverser sur le passage { protégé / pour piétons griller un feu rouge passer au rouge (ne... pas) respecter un stop accélérer / freiner renverser un piéton	un skieur / une skieuse les skis une piste une bosse prendre un remonte-pente descendre à toute allure faire une descente heurter quelqu'un ou quelque chose perdre l'équilibre	bricoler, faire du bricolage planter un clou accrocher un tableau une échelle un marteau un clou un tournevis se taper sur les doigts glisser (avoir)

Conseils pour bien utiliser un dictionnaire

Vous ignorez le sens d'un mot?

Ne vous jetez pas tout de suite sur le dictionnaire!

— Faites d'abord un effort de mémoire.
— Ensuite, regardez bien le texte dans lequel vous avez rencontré ce mot inconnu. Vous pouvez peut-être **deviner le sens** grâce au contexte.

Par exemple, savez-vous ce que c'est qu'un **tarton**? Non?
Regardez les phrases où il est employé et à chaque fois écrivez votre hypothèse.

PHRASE	HYPOTHÈSE
Le tarton peut être très dangereux. ⟶	le tarton est une maladie, une arme, une plante, un animal.......
Le tarton préfère les endroits chauds. ⟶	_____
Le tarton ne mange que des légumes frais. ⟶	_____
Les riches Américaines élèvent parfois des tartons dans leur appartement. ⟶	_____

Vous avez deviné le sens de ce mot sans dictionnaire? Oui?
Pourtant ce mot **n'existe pas!**

Vous allez chercher dans le dictionnaire. Savez-vous vous en servir?

1. *Lisez entièrement la ou les définitions données par le dictionnaire.*

     Vous trouverez parfois des renvois à des mots plus proches du sens que vous recherchez.
     Vous saurez aussi si ce mot est familier, rare, populaire...

2. *Ne vous arrêtez jamais à la première définition.*

3. *Lisez les exemples proposés.*

4. *Collectionnez les mots nouveaux dans un répertoire.*

1. voile [vwal] n. m. 1° Morceau d'étoffe plus ou moins transparent, servant à couvrir le visage ou la tête dans diverses circonstances : *Voile de tulle, de mousseline. Voile de communiante, de mariée. Voile d'infirmière. Voile de deuil. Voile de religieuse.* ‖ *Prendre le voile, se faire religieuse.* — **2°** Tissu léger et fin : *Un voile de coton, de soie. Voile de Tergal pour faire des rideaux.* — **3°** Ce qui cache, empêche de voir quelque chose : *Mettre, jeter un voile sur une question. Oter, arracher le voile. Sous le voile de l'amitié* (= sous le couvert de, l'apparence de). *Un voile de brume* (= une légère brume). *Sa frange fait une sorte de voile devant ses yeux.* ◆ **voilage** n. m. Grand rideau d'étoffe légère (syn. : VITRAGE). ◆ **voilette** n. f. Petite pièce de tissu très fine et légère, que les femmes portent parfois devant le visage : *Avoir une voilette mouchetée à son chapeau.* ◆ **voiler** v. tr. 1° *Voiler quelqu'un, quelque chose, le couvrir d'un voile : Chez certains peuples, les femmes se voilent encore pour sortir* (= portent un voile devant le visage). *Voiler les glaces dans une maison mortuaire.* — **2°** *Cacher, dissimuler quelque chose : Des nuages voilent la lune. Voiler sa désapprobation par un excès de gentillesse. Des larmes qui voilent le regard* (syn. : EMBRUMER, NOYER). ◆ **se voiler** v. pr. : *La lune se voile peu à peu* (= se cache, se couvre). *Se voiler la face* (= se cacher la figure par honte, ou pour ne pas entendre des choses épouvantables). ◆ **voilé, e** adj. 1° Obscur, dissimulé : *Parler en termes voilés* (= à mots couverts; syn. : ↑ OBSCUR). *Faire une allusion voilée à quelque chose* (syn. : DISCRET; contr. : DIRECT). — **2°** Qui manque de netteté, de pureté : *Regard voilé* (syn. : TERNE, TROUBLE; contr. : LIMPIDE, CLAIR, FRANC). *Voix voilée* (syn. : ENROUÉ; contr. : CLAIR). ◆ **dévoiler** v. tr. *Dévoiler une chose, retirer le voile qui la couvre : Dévoiler une statue le jour de l'inauguration.*

2. voile [vwal] ou **voilement** [vwalmɑ̃] n. m. Déformation d'une pièce de grande surface et de faible épaisseur sous l'action d'un effort supérieur à la charge admissible : *Roue inutilisable à cause de son voilement.* ◆ **voiler** v. tr. Fausser, gauchir : *Voiler la roue de sa bicyclette.* ◆ **se voiler** v. pr. : *Les disques se voilent quand ils sont mal rangés* (syn. : SE GAUCHIR, SE GONDOLER). ◆ **voilé, e** adj. Faussé, gauchi : *Avoir une roue voilée.* ◆ **dévoiler** v. tr. : *Dévoiler une roue.*

3. voile [vwal] n. m. 1° Obscurcissement accidentel d'un cliché photographique, dû à un excès de lumière : *La pellicule a été mal bobinée, et toutes les photos ont un voile.* — **2°** *Voile au poumon,* diminution homogène de la transparence d'une partie du poumon, visible à la radioscopie. ◆ **voiler** v. tr. : *Si vous n'ouvrez pas votre appareil dans une obscurité complète, vous allez voiler votre film.* ◆ **voilé, e** adj. : *Une photo voilée. Il a un poumon voilé.*

4. voile [vwal] n. m. *Voile du palais,* cloison musculaire et membraneuse qui sépare la bouche du larynx.

5. voile [vwal] n. f. 1° Pièce de toile forte attachée aux vergues d'un mât et destinée à recevoir l'effort du vent pour faire avancer un bateau : *Bateau à voiles. Toutes voiles déployées. Carguer, larguer les voiles. Les voiles claquent au vent. Mettre à la voile* (= appareiller). *Faire voile dans une direction* (syn. : NAVIGUER, CINGLER). ‖ *Avoir le vent dans les voiles,* être poussé par les événements, réussir. ‖ *Fam. Avoir du vent dans les voiles,* être ivre. ‖ *Mettre toutes voiles dehors,* déployer tous les moyens pour un but recherché. ‖ *Pop. Mettre les voiles,* s'en aller. — **2°** *Bateau à voiles : On aperçoit quelques voiles à l'horizon.* — **3°** *Navigation à voile : Faire de la voile.* — **4°** *Vol à voile,* vol en planeur. ◆ **voilier** n. m. 1° *Navire, bateau de plaisance à voiles : Un voilier du Nord. Une course de voiliers.* — **2°** *Oiseau dont le vol est très étendu.* ◆ **voilure** n. f. 1° *Ensemble des voiles d'un bâtiment.* — **2°** *Ensemble des surfaces portantes d'un avion.*

1. Posez les bonnes questions.

Les parents de Jean-Marc Leclerc viennent juste de recevoir son télégramme (voir page 85). Ils sont très inquiets et ils lui écrivent pour lui poser des questions sur ce qui lui est arrivé.

Mon cher Jean-Marc,

Que te passe-t-il ? Nous...

2. Cherchez le verbe.

Relisez dans l'article de la page 82 la déclaration de Jean-Marc Leclerc. Classez les verbes conjugués au passé composé ou à l'imparfait de l'indicatif.

Passé composé	Imparfait
J'ai remarqué...	

Pouvez-vous expliquer l'emploi de ces temps?

3. La fabrique d'exercices.

1. Vous rédigez un télégramme de dix mots minimum pour une autre personne de la classe.
2. Vous donnez votre télégramme au destinataire qui doit le déchiffrer et le réécrire en le transformant en lettre, comme dans les exercices des pages 85-86.
3. Le destinataire vous rend cette lettre et vous vérifiez qu'il a bien compris votre message.

4. A vos dictionnaires!

Il existe une technique qui permet d'écrire des textes étranges.

1. Lisez le texte qui suit et soulignez tous les noms.
2. Prenez votre dictionnaire français.
3. Cherchez le premier nom souligné et remplacez-le dans le texte par le cinquième nom qui suit dans le dictionnaire.

   Ex: *Où est la famille?*   *Où est le fandango?* (Dictionnaire Micro Robert)

4. Continuez jusqu'à la fin. Si c'est nécessaire, accordez les adjectifs, participes etc. Puis recopiez le texte complet. Lisez-le en classe. Les résultats sont souvent bizarres et amusants.

Où est la famille?

D'outre-mer, ils sont venus, seuls, sans femme ni enfants, pour la guerre, en soldats, la première, puis la deuxième, l'Indochine, enfin l'Algérie, d'un côté ou de l'autre. Certains sont restés sur le sol de France, sans femme ni enfants. D'autres sont venus pour la reconstruction de la métropole; ce n'était plus les champs de bataille, c'était l'usine, le chantier, l'entretien général des villes. Les colonies ont fourni des soldats puis des manoeuvres. Les colonies décolonisées ont encore fourni des manoeuvres, chômeurs dans leur pays libéré, indépendant.

(*L'état de la France*, Editions la Découverte, 1985)

LES SONS [s] ET [z]

Les sons [s] et [z] sont très proches.
Un changement de son entraîne pourtant un changement de sens.
Exemple: [s] **chausse** (n.f.) = vêtement ancien.
           [z] **chose** (n.f.) = objet.

POUR FAIRE LE POINT

- Ecoutez les mots enregistrés et écrivez-les dans la bonne colonne.

- Ecrivez ensuite aux places vides les mots qui manquent.
Pour savoir comment ils s'écrivent, vous pouvez utiliser le tableau de l'alphabet phonétique, page 220, ou le dictionnaire. Vous devez être capables d'expliquer le sens de ces mots.

	[s]	[z]
	Chausse	*Chose*
1		
2		
3		
4		
5		
6		
7		
8		
9		

- Ecoutez et dites s'il s'agit des mêmes mots.
- Ecrivez ensuite ce que vous avez entendu.

	=	≠
1		
2		
3		
4		
5		
6		
7		
8		

- Lisez ce poème.

La vie en rose

La Graine
Sereine
Suppose
    que la Rose
      est enclose
dans sa gaine.

Andrée Chedid

(tiré de *Le livre de tous les jours, Mon premier agenda*, Folio Benjamin)

POUR BIEN PRONONCER LES SONS [s] ET [z]

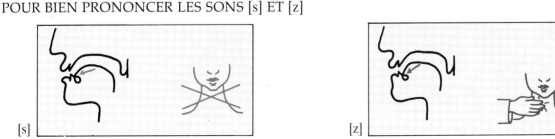

[s]

Appuyez légèrement la pointe de la langue contre les incisives inférieures.
Ecartez les lèvres et fermez la mâchoire.
Attention! Les cordes vocales ne vibrent pas.

[z]

Appuyez légèrement la pointe de la langue contre les incisives inférieures.
Ecartez les lèvres et fermez les mâchoires.
Attention! Les cordes vocales vibrent.

UNITE 7

J'en ai assez de toute cette eau! Vivement la terre ferme, une belle pelouse verte, un vrai terrain de golf...

 ● **Ecoutez et dessinez ♡ ou ⊗ dans la première colonne, à côté du sport dont on parle.**

● **Maintenant écrivez votre opinion dans la deuxième colonne.**

		MOI

● **Tous ensemble,**
  – **établissez une liste des sports pratiqués dans la classe en les classant du plus populaire au moins populaire;**
  – **trouvez où on pratique chacun de ces sports.**

dans un stade
dans un gymnase
sur un terrain de sport
sur un court
dans une piscine
sur un ring
sur une piste
sur l'eau

tennis
boxe
escrime
natation
football
cyclisme
gymnastique
ski
judo

OBSERVEZ ET COMPAREZ

Ces sports sont-ils dangereux?

La boxe est aussi dangereuse que le ski.
Le ski est aussi dangereux que la boxe.

La natation est moins dangereuse que la boxe.

Le ski est plus dangereux que le tennis.

Vous comparez deux éléments.

– Comment accordez-vous l'adjectif?
– Quels sont les mots que vous placez **devant** l'adjectif?
– Quel est le mot que vous placez **derrière** l'adjectif?

Pour mieux comprendre comment former les différents degrés de l'adjectif, allez voir le précis grammatical.

- **Comparez les deux éléments de cette liste:**

Himalaya	Mont Blanc
Voiture	Avion
Eléphant	Fourmi
Océan	Lac
Mississippi	Seine
Grand-père	Petit-fils
Homme	Femme

- **Qu'est-ce qui est plus lourd?**
  Un kilo de plumes ou un kilo de plomb?

Trouvez d'autres affirmations qui comparent deux éléments égaux.

29 MAI MERCREDI

FOOTBALL
20.10 JUVENTUS-LIVERPOOL
Finale de la Coupe d'Europe des Clubs champions en direct de Bruxelles.

LA TRAGÉDIE DE BRUXELLES
38 morts en direct

Le soir du 29 mai, le sport retrouvait ses liens avec les jeux du cirque de l'antiquité, où le public attendait la mise à mort des athlètes perdants.

Mais ce soir-là, ce sont les supporters qui ont été mis à mort, sous les yeux de plusieurs millions de téléspectateurs.

La violence retransmise en direct... l'horreur!

Contre l'avis de l'équipe de la Juve, le match a eu lieu parce que son annulation pouvait provoquer une vraie révolution. On a ainsi donné raison aux assassins; pourtant les spectateurs ne sont pas tous des assassins

en puissance!

Une seule préoccupation régnait chez les journalistes chargés de commenter le match: «A quelle heure va-t-on commencer?».

Rien d'autre!

A aucun moment les responsables n'ont eu l'idée de renoncer à la retransmission du match. En agissant ainsi, TF1 a admis que la barbarie est un sport ou que le sport est une barbarie et que la télévision est son meilleur propagandiste.

En Allemagne par contre, «par respect pour les morts», on a refusé de participer à cette fête macabre.

- **Voici quelques affirmations à propos de l'article «La tragédie de Bruxelles».**
  Lisez-les et répondez.

La décision de la télévision allemande est plus humaine que celle de TF1. Pourquoi?
Autrefois, le sport était moins violent qu'aujourd'hui. Pourquoi?
La télévision est meilleure propagandiste de la violence sportive que la presse écrite. Pourquoi?

- **Comparez les différentes réponses données dans la classe.**
  Organisez un débat pour répondre à la question suivante:
  Quelles mesures proposez-vous pour combattre la violence dans les stades?

VOUS CHERCHEZ UN CORRESPONDANT
OU UNE CORRESPONDANTE FRANCOPHONE?

● Remplissez soigneusement le formulaire suivant. Collez une photo d'identité, indiquez votre adresse de manière très précise.

ÉCRIVEZ LISIBLEMENT SVP

Photo

NOM ....
PRÉNOM ....
RUE ....
CODE POSTAL .... VILLE ....
PAYS ....

Je cherche
☐ une correspondante
☐ un correspondant

Je me présente (loisirs et intérêts)

....
....
....
....
....
....

● **Lisez ces annonces:**

● **Rédigez une lettre pour répondre à une de ces annonces.**

Scorpion qui s'ennuie (17 ans), recherche correspondant sympa du même âge.
Si tu aimes dessiner, lire, danser et que tu connais un peu de français, tu es le bon. (Envoie-moi donc ta photo).
A bientôt!
Evelyne Perchot, 35 boulevard de la Liberté, 45000 ORLEANS.

J'ai 16 ans et je cherche des correspondants en France. J'aime faire de la gymnastique, lire, visiter des pays et des lieux étrangers, dessiner, le français et la France, le sport, les animaux, les gens sympas et la musique. Écrivez-moi vite!
Marie Lafitte, Le Brûlé 9è km, 97400, SAINT-DENIS (La Réunion).

J'ai 15 ans et je désire correspondre avec des filles ou des garçons de 13 à 17 ans parlant français, allemand ou anglais. Mon adresse:
François LE GALL, 29 rue Bel Air, 35000 RENNES.

● **Ecoutez et imitez.**

– Je n'aime pas les épinards!
– Le football? Quelle horreur!
– Je déteste le lait.
– La boxe? On ne l'aime pas.
– La guerre, vous l'aimez, vous?

Ajoutez ce que vous aimez ou ce que vous n'aimez pas et imitez.

Vous pouvez utiliser aussi les adverbes écrits sur la marguerite.

Effeuillons la marguerite

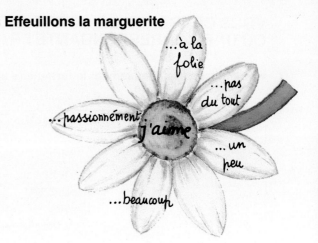

OBSERVEZ et COMPAREZ

L'homme le plus grand est aussi le moins petit!
La femme la plus légère est aussi la moins lourde.

L'élève le plus intelligent est peut-être le moins bête.
En tout cas, le premier est sûrement très grand, la deuxième très légère et le troisième très intelligent.

● **Parlez des caractéristiques de ces personnages en utilisant le plus de superlatifs possible.**

Vous pouvez aussi faire cet exercice sous forme de devinette:

Qui est le plus timide?
Quel est le garçon le plus timide?
Quelle est la fille la plus timide?

● **Lisez cette liste d'adjectifs. Si c'est nécessaire, vérifiez leur sens à l'aide du dictionnaire.**

Gai ....
Sensible ....
Tolérant ....
Travailleur ....
Généreux ....
Sérieux ....
Courageux ....
Intelligent ....
Timide ....
Autoritaire ....
Sportif ....
Modeste ....
Drôle ....
Ambitieux ....
Cultivé ....
Elégant ....

Quels sont ceux qui, à votre avis, caractérisent le mieux vos camarades de classe?

Dans la classe,
le garçon le plus timide,
la fille la plus timide, c'est...

Les NOUVEAUX RECORDS
incroyables mais vrais

extrait du LIVRE GUINNESS des RECORDS

RECORDS HUMAINS			
L'hommme le plus grand	Robert Wadlow, U.S.A.	1918-1940	2,72 m
La femme la plus grande	Zen Jinlian, Chine	1964-1982	2,463 m
L'homme le plus gros	John Brower, Minnoch, U:S.A.	né le 29-09-1941	max. 635 kg
La femme la plus grosse	Percy Pearl, U.S.A.	1926-1972	max. 399 kg
L'homme le plus petit	Calvin Phillips, U.S.A.	1791-1812	67 cm
La femme la plus petite	Pauline Musters, Hollande	1877-1895	55 cm
La femme la plus légère	Lucia Zarate, Mexique	1863-1889	2,125 kg
L'homme le plus vieux	Shigechiyo Izumi, Japon	né le 29-06-1865	116 ans
La femme la plus vieille	Fannie Thomas, U.S.A.	1867-1981	113 ans 273 jours
Le plus d'enfants pour une seule femme	Mme Vassiliev, Russie	1707-1782	69

Les plus fabuleux et les plus insolites RECORDS incroyables mais vrais

ANIMAUX
Le plus gros **chat** domestique : 20,7 kg (Australie). Le **cheval** le plus cher : «Shergar» 212 000 000 F. Le plus petit cheval : Smidget (U.S.A.) : 53,5 cm au garrot. Les **condors** peuvent se laisser porter par des courants d'air sur des kilomètres sans battre des ailes.

NATURE
Température la plus basse : – 88,3 °C (Vostok, 24-8-1960), la plus élevée : 58 °C en Lybie (13-9-1922). La plus grande **planète :** Jupiter, diam. : 142 880 km, la plus rapide : Mercure : 172 248 km/h. Le **diamant** le plus gros : Cullinan 3 106 carats 621,2 g.

FRUITS ET LÉGUMES
La plus grosse **citrouille** : 182 kg (G.B. 1982), **oignon** 3,350 kg (G.B.), **pomme** 1,150 kg (G.B.), **radis** 2,630 kg (Ardèche Fr.), **tomate** 2,340 kg (Var Fr.).

ALIMENTATION
Le plus grand fromage : 15,190 t (1964 U.S.A.), en France : 360 kg, 16 m de diamètre (d'Emmenthal), la plus grande crêpe : 9 m de circonférence, 62 kg (1983 Fr.), saucisson : 9,70 m, 49 kg (Fr.)

INSOLITES
Gloutonnerie : 350 escargots en 8 mn 29 s (1981 U.S.A.), glace : 1,530 kg en 90 s (1977 U.S.A.), 2 380 haricots blancs en 7 mn (1981 G.B.), huîtres : 250 en 3 mn 56 s (1980 U.S.A.), œufs durs : 14 en 58 s (1977), spaghetti : 91,44 m en 28 mn 73 s (1980 U.S.A.). Endurance à bicyclette : 48 h sans poser pied à terre (1981 Fr.). Saut de bouchon de bouchon de champagne : 32,33 m (1981 U.S.A.), baiser : 144 h (1983). Montée d'escalier : 1 760 marches en 10 mn 16 s (U.S.A.). Poignées de mains : 15 162 en 9 h (1981). Saut de canal avec une perche : 18 m de large (1979 P.B.). Jeu de yoyo : 120 h sans arrêt. Homme-canon : 53,30 m (1940 U.S.A.). Record de plongeon : 52 m de haut (U.S.A.). Bilboquet : 1 643 coups en 1 h (1982 Fr.). Briques : 711 empilées en 60 mn (1981 G.B.). Cerf-volant (durée de vol) : 180 h 17 mn (1982 U.S.A.). Château de cartes : 3 650 cartes, 61 étages, 3,50 m de haut (1973 Canada). Ronds de fumée : 355 avec une seule bouffée de cigarette (1979 Danemark). Crochet : 4 412 points à la moyenne de 147 points/mn (1981). Ecailler : 934 huîtres ouvertes en 54 mn (1982 Fr.). Pelure de pomme de terre : la plus longue : 52,50 m en 11 h 31 mn (1976). Jet d'œuf cru (sans le casser) à 2 : 97 m (1982 Finlande), record français 64,85 m (1980). Pelletage de charbon : 500 kg en 31,5 s (1981 N.Z.). Lancer de camembert : 25,71 m (1982 Fr.), bouse de vache : 81 m (U.S.A.). Tournoiement d'assiettes : 72 simultanément (1981 Japon). Marche en échasse : 4 840 km (1980 U.S.A.). Immobilité : 8 h 35 (1982 U.S.A.). Equilibre sur un pied : 33 h (1980 Sri LanKa).

Incroyable, mais VRAI? ou FAUX?

	V	F
La femme la plus vieille est chinoise.		
L'homme le plus petit ne mesure que 67 cm.		
La tomate la plus lourde pèse plus de 2 kg.		
Le cheval le plus petit s'appelle «Sherdar».		
Le château de cartes le plus haut a 61 étages.		
L'homme le plus gros du monde pèse 536 kg.		
La femme qui a eu le plus d'enfants est russe.		
La planète la plus rapide est Jupiter.		
C'est un britannique qui a fait pousser l'oignon le plus gros.		
Le chat sauvage le plus gros est australien.		

- **Proposez à vos camarades d'autres affirmations: sont-elles vraies ou fausses?**
S'ils se trompent, vous gagnez; s'ils ont raison, vous perdez!

- **Ces records vous apprennent qui est l'homme le plus grand ou la femme la plus vieille, mais pouvez-vous répondre aux questions suivantes?**

Quelle est la femme la moins grosse?
Quel est l'homme le moins grand?
Quelle est la température la moins élevée?
Quelle est la femme la moins grande?

LA BOUTEILLE À LA MER
Une passionnante histoire de chasse au trésor.

Thierry HARGOT a découvert ce message... dans une bouteille bien sûr....

AU SECOURS!

J'ai été enlevé par un groupe de criminels alors que je me trouvais dans la région des monts Tumuc-Humac, au sud du pays.

Nous avons remonté en pirogue le fleuve qui marque la frontière avec le Brésil pendant environ 450 km. Le long du parcours nous avons aperçu des Indiens Palikours. Puis nous avons pris un petit avion qui a atterri la nuit près de la capitale, entre les collines et la mer.

De là, une jeep nous a conduits par une route assez mauvaise jusqu'à un petit village dont je ne connais pas le nom. J'ai pourtant reconnu à l'est la rampe de lancement de la fusée Ariane. De la fenêtre de la pièce où je suis enfermé, je vois les îles du Salut.

Venez vite me libérer! AIDEZ-MOI!

Prof. Albert Castel

 Thierry Hargot envoie immédiatement un message radio à un de ses amis qui est détective privé. Ecoutez.

Etes-vous un bon détective?

- **Ces affirmations sont-elles vraies ou fausses? Indiquez-le d'une croix.**
- **Classez ensuite toutes les affirmations qui sont vraies dans l'ordre chronologique. 1, 2, 3...**

	V	F	ordre
Thierry Hargot découvre une bouteille à la mer.			
Cette bouteille contient la carte d'une île mystérieuse.			
Le professeur Castel a été enlevé par des criminels.			
Thierry Hargot décide de quitter la course.			
Thierry Hargot fait appeler son ami Procope.			
Le professeur Castel a écrit un message qu'il a placé dans une bouteille.			
Thierry Hargot part à la recherche du professeur Castel.			
Thierry Hargot lit le message à son ami Procope.			
Théophile Procope part à la fin de la semaine.			

Menez l'enquête avec Théophile Procope

● Reconstituez l'itinéraire qu'Albert Castel a parcouru. Dessinez-le sur la carte et indiquez d'une croix l'endroit où vous pensez que le professeur est enfermé.

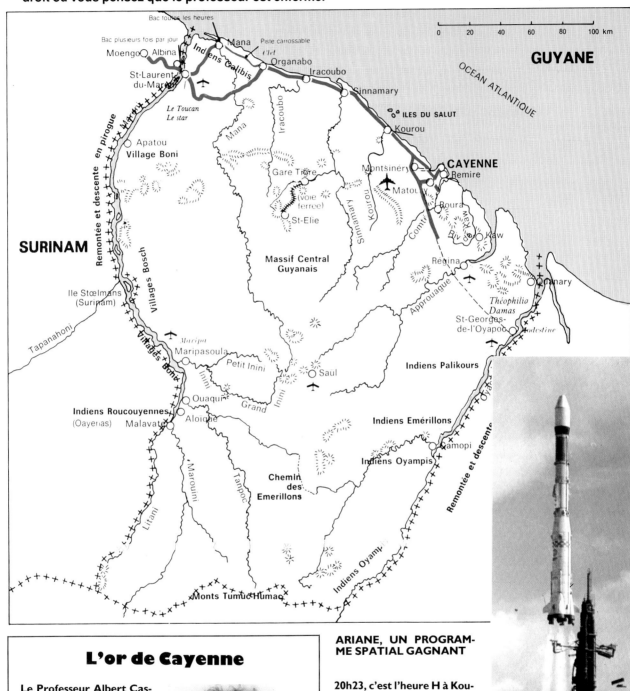

L'or de Cayenne

Le Professeur Albert Castel, archéologue mondialement connu, est parti hier pour la Guyane.

A l'aéroport de Roissy, il a déclaré à notre envoyée spéciale Annette Bertrand:
«Ce n'est plus un secret. J'entreprends ce voyage pour retrouver «l'or de Cayenne», ce trésor qui a été volé et caché par des forçats au début de notre siècle et dont toute la presse a parlé récemment».

Bonne chasse au trésor, professeur Castel!

ARIANE, UN PROGRAMME SPATIAL GAGNANT

20h23, c'est l'heure H à Kourou.
9... 8... 7... 6... 5... 4... 3... 2... 1... FEU... ALLUMAGE... DÉCOLLAGE.
Ce 29 mars, la dix-septième fusée Ariane a mis en orbite un satellite brésilien (Brasil Sat S2) et un satellite américain, le G Star 2.
Au centre spatial, les techniciens ne cachent pas leur joie. C'est une excellente opération pour les Européens puisque son parfait déroulement représente un atout au moment où le programme de la navette américaine est totalement bloqué à la suite de la catastrophe de Challenger.
Cette opération vient couronner le programme de l'aérospatiale française.

● Pour rédiger cette page du journal de bord de Thierry Hargot, utilisez tous les documents écrits et oraux ainsi que l'exercice précédent.

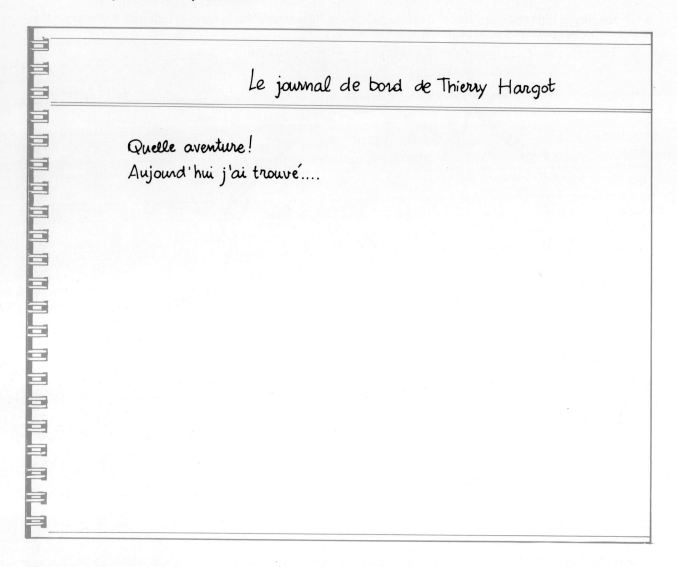

Le journal de bord de Thierry Hargot

Quelle aventure !
Aujourd'hui j'ai trouvé....

Billet de passage
et bulletin de bagages.
*Passenger ticket
and baggage check.*

mardi après-midi...

Théophile Procope se rend dans une agence de voyages pour réserver son billet pour Cayenne.
Il demande à l'hôtesse tous les renseignements utiles (heures, jours, prix...).

● **Préparez le dialogue avec un camarade et jouez-le devant la classe.**

Villes desservies de Paris	Types de tarifs	Conditions d'application	Prix A/R environ
CARACAS (Venezuela) - Temps de vol moyen : 11 h 20			
AIR FRANCE	Y	Aller simple possible : 1/2 tarif	14 460 F
AVIANCA VIASA	Excursion	Validité 14/90 jours 2 stopovers gratuits	10 525 F
VOYAGES ORGANISES	Forfaits selon dates	15 jours de circuit autour de	15 000 F
CASABLANCA (Maroc) - Temps de vol moyen : 2 h 50			
AIR FRANCE ROYAL AIR MAROC	Y	Aller simple possible : 1/2 tarif	5 070 F
	Excursion	Validité : 6/45 jours : 1 stopover autorisé	3 545 F
	Jeunes	Aller simple possible : 1/2 tarif	3 550 F
	Vols Vacances	Réservation, émission du billet et règlement simultanés - Sur vols désignés - Annulation : pénalités - Le retour ne peut être effectué avant le dimanche suivant la date du départ - Validité max. 30 jours	2 785 F
VOYAGES ORGANISES	Forfaits selon dates	Une semaine de circuit autour	de 3 200 F à 3 600 F
CAYENNE (France - Guyane) D.O.M. - Temps de vol moyen : 11 h 55			
AIR FRANCE	Y	Aller simple possible : 1/2 tarif - Selon dates	9 710 F
	Vols Vacances	Réservation, émission du billet et règlement simultanés - Annulation : pénalités - Selon dates	5 115 F ou 5 890 F
	Jeunes	Aller simple possible : 1/2 tarif Selon dates	5 640 F ou 6 210 F
VOYAGES ORGANISES	Forfaits selon dates	9 jours de circuit expédition et séjour autour de	10 500 F
CHICAGO (U.S.A.) - Temps de vol moyen : 9 h			
AIR FRANCE TWA	Y	Aller simple possible : 1/2 tarif	9 975 F

(à suivre)

1.   Traitez les informations.

Vous avez rendez-vous à Lyon à 15 heures. Vous devez donc y arriver vers 14h. Vous pouvez prendre le train ou l'avion.
Vous habitez Paris, près de l'Etoile. Il vous faut environ 10 minutes pour arriver au Champ-de-Mars, d'où partent les trains qui vous emmènent à l'aéroport d'Orly et 25 minutes pour être à la gare de Lyon.

Indiquez de façon très précise les étapes de votre voyage, si vous partez en avion et si vous partez par le train.

Les trains pour Orly partent du Champ-de-Mars toutes les 15 minutes de 5.37 à 21.07, puis toutes les 30 minutes de 21.07 à 22.37.
Ils mettent 55 minutes environ pour aller jusqu'à Orly.

TRAIN

AVION

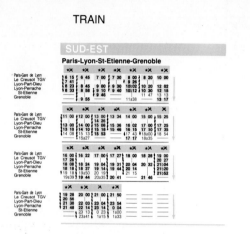

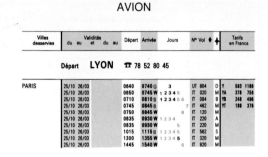

2.   La fabrique d'exercices.

Chacun dans notre pays, nous pensons que nous sommes les plus beaux, les plus intelligents, les plus forts, les plus gentils...

Que dit-on dans votre propre pays? Faites une liste en utilisant les constructions suivantes:

«Les Français sont les plus cultivés.
Les Français sont plus grands que les Chinois.
Les Français sont moins bavards que les Italiens.»
etc.

A vous...

Les _____ sont _____

Mettez en commun toutes vos affirmations et élaborez ensemble le «portrait-robot» des habitants de votre pays.

3.   A vos dictionnaires!

Fabriquez des mots composés en associant un mot de la première colonne avec un mot de la deuxième colonne. Ajoutez un trait d'union entre les deux mots.
Cherchez dans le dictionnaire le genre et le sens de ces mots.

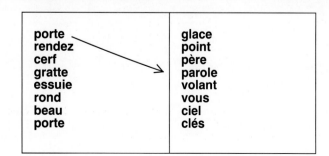

porte	glace
rendez	point
cerf	père
gratte	parole
essuie	volant
rond	vous
beau	ciel
porte	clés

avant	avions
porte	monsieur
croque	verbal
ouvre	pieds
tire	bouteilles
ouvre	poste
timbre	boîtes
casse	garde
procès	bouchon

LES SONS [ʃ] ET [ʒ]

Ces deux sons sont très proches.
L'un est sourd [ʃ] : les cordes vocales ne vibrent pas.
L'autre, [ʒ] , est sonore : les cordes vocales vibrent.
Un changement de son entraîne un changement de sens.
Exemple: [ʃ] **champ** (n.m.) = étendue de terre cultivée.
    [ʒ] **gens** (n.m.) = personnes.

POUR FAIRE LE POINT

- **Ecoutez et mettez une croix dans la bonne case.**
- **Ecrivez ensuite les mots que vous avez entendus.**

	[ʃ]	[ʒ]
1		
2		
3		
4		
5		
6		
7		
8		

- **Ecoutez et dites s'il s'agit du même mot.**
- **Ecrivez ensuite les mots que vous avez entendus.**

	=	≠
1		
2		
3		
4		
5		
6		
7		
8		

- **Ecoutez d'abord, puis lisez à haute voix cette comptine.**

La girafe chantonne au singe
une chanson gentille.
Quand le singe s'endort
la girafe va dehors.
Chante, chante la girafe.

- **Ecoutez ce dialogue puis jouez-le avec un camarade.**

– Je pars dimanche en voyage et j'emporte dans mes bagages une jupe, des chemisiers et des chaussures de rechange.
–Tu pars dimanche? Quelle chance! Moi, cette année, je ne te cache pas que j'attends mes vacances avec impatience!

POUR BIEN PRONONCER LES SONS [ʃ] ET [ʒ]

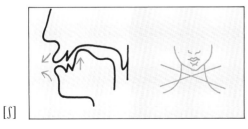

[ʃ]

Les lèvres sont arrondies comme quand vous prononcez le son [u].
Relevez la pointe de la langue vers les dents supérieures. Les cordes vocales ne vibrent pas.

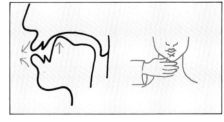

[ʒ]

Les mouvements articulatoires sont les mêmes que pour le son [ʃ].
Les cordes vocales vibrent.

Prison

Un coup pour a. Deux coups pour b.
Le monde bouge. Il va tomber.
Trois coups pour c. Quatre pour d.
C'est le moment de regarder.
Cinq coups pour é. Six coups pour f.
Il n'a plus d'âme. A-t-il un chef?

(Jacques Audiberti, *Des tonnes de semence*, N.R.F.)

Québec

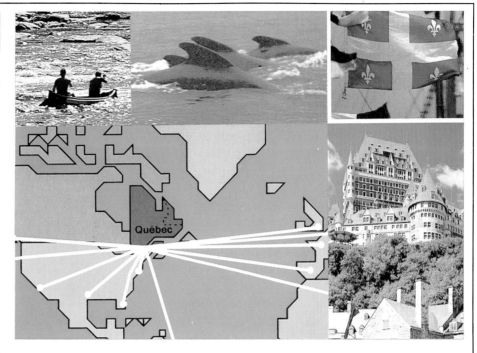

1534: Jacques Cartier arrive dans la petite ville de Gaspé. Depuis 450 ans, c'est toujours par le Québec qu'on aborde l'Amérique.

Sur un territoire qui fait trois fois la France (n'oublions pas que nous sommes en Amérique où tout est plus grand, plus gros, plus... enfin vous me comprenez), la province canadienne du Québec vous attend.

Québec, la capitale, la ville qui est aussi un musée: vous irez au moment du carnaval alors que se déroulent un grand concours de sculptures sur glace, des courses de traîneaux ou de canots sur les glaces du fleuve Saint Laurent.

Montréal, trois millions d'habitants, la plus grande ville francophone du monde après Paris, une ville qui est aussi une île.

Si vous aimez la nature, le sport, le Québec est pour vous le pays de rêve: motoneige, ski, raquettes, hockey sur glace, pêche au saumon, chasse à l'orignal. Au moment où les glaces fondent, vous irez photographier les dix espèces de baleines dont les baleines bleues de 30 tonnes.

Le Québec, c'est un coin de la vieille Europe transporté dans l'Amérique.

QUÉBEC

Province de l'est du Canada
Superficie: 1 540 680 km2
Population: 6 234 445 habitants
Langue parlée: français
Capitale: Québec
Monnaie: dollar canadien

La Réunion

Partez pour l'insolite tout en restant «chez nous». Rendez-vous sur l'île où la couleur est reine. Découvrez la Réunion.

Il existe une France aux contrastes géographiques, culturels et humains qui sentent les mille parfums de la forêt «tropicale».

La Réunion est le seul département français de l'Océan indien et de l'hémisphère sud. Sa superficie est de 2511 km2, plus étendue que celle de la Martinique et de la Guadeloupe mais beaucoup moins que celle de la Guyane.

Découverte par les Portugais au début du XVIème siècle, cette terre déserte a été occupée par les Français qui l'ont appelée «île Bourbon» en 1663.

A dix mille kilomètres de la métropole, notre département de La Réunion offre la plus enrichissante de toutes les leçons d'histoire et de géographie.

Prévoyez une excursion en hélicoptère au-dessus du volcan de la Fournaise qui offre un spectacle toujours grandiose.

LA RÉUNION

Ile de l'Océan indien à l'est de l'Afrique
Département français d'outre-mer
Superficie: 2 511 km2
Population: 476 675 habitants
Langue parlée: français
Chef-lieu: Saint-Denis
Monnaie: franc français

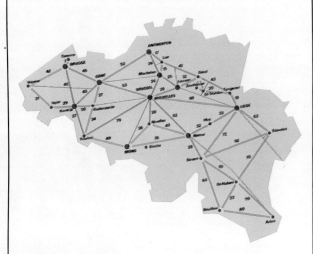

Belgique

La Belgique est un petit pays (30 507 km2), dont la population atteint à peine 10 millions d'habitants. On y parle essentiellement deux langues, le français et le néerlandais, ainsi que l'allemand dans une petite région à l'est du pays.
Le climat maritime est tempéré, assez instable mais il fait rarement très chaud ou trop froid.

Anvers, la plus grande ville de Belgique (sa superficie dépasse de plus d'un tiers celle de Paris), est le centre européen du commerce du diamant. Vous pourrez visiter le Zoo d'Anvers, connu dans le monde entier, et le Musée royal des Beaux-Arts.
En vous promenant en bateau sur les canaux, vous découvrirez Bruges, une des villes les plus pittoresques d'Europe, et la ville la plus romantique du «plat pays».
A l'époque du carnaval, vous irez à Binche voir les «Gilles» défiler.
A Bruxelles, la capitale du pays, il faut d'abord vous rendre sur la Grand Place, puis visiter les musées, le marché aux fleurs et aux oiseaux, d'antiquités, les quartiers d'affaires et les châteaux des environs, sans oublier d'aller saluer le Manneken-Pis, le citoyen le plus célèbre de la région.
Avant de partir, vous boirez bien sûr une bière, blonde pour l'apéritif de tous les jours, brune au café.

BELGIQUE

Royaume de l'Europe occidentale
Superficie: 30 507 km2
Population: 9 840 000 habitants
Langues parlées: français et néerlandais
Capitale: Bruxelles
Monnaie: franc belge

Sénégal

Sénégal, la perle de l'Afrique noire à moins de 4 heures de vol de l'Europe.
Le soleil 365 jours sur 365.
Visitez ses réserves et ses parcs nationaux.

Grand comme le tiers de la France, le Sénégal vous offre 450 km de sable fin, une mer tiède et un climat adouci par les alizés.
Découvert en 1444 par le navigateur portugais Denis Diaz, le Sénégal est devenu indépendant en 1960 après 300 ans de présence française; Dakar, la capitale, compte un million d'habitants, ville des contrastes, tournée vers l'avenir.

A visiter à Dakar: le musée de l'ethnographie, la Grande Mosquée, qui est un des plus grands et des plus beaux monuments religieux de l'Afrique noire. Gorée, une petite île au large de Dakar, classée patrimoine de l'humanité par l'UNESCO, abrite «la Captiverie», la maison d'où partaient les esclaves vers les Amériques, et les ruines des forts d'Orange et de Nassau.
N'oubliez pas de visiter à Gorée le Musée historique qui vous familiarisera avec les grands empires africains.
Dans le sud-est du pays, dans le parc national du Niokolo-Koba, vous retrouverez plus de 400 espèces animales différentes: lions, éléphants, singes etc.

SÉNÉGAL

République du Sénégal
Etat de l'Afrique occidentale
Superficie: 197 000 km2
Population: 5 085 000 habitants
Langues parlées: français (langue officielle)
                 wolof (langue nationale)
Capitale: Dakar
Monnaie: franc CFA

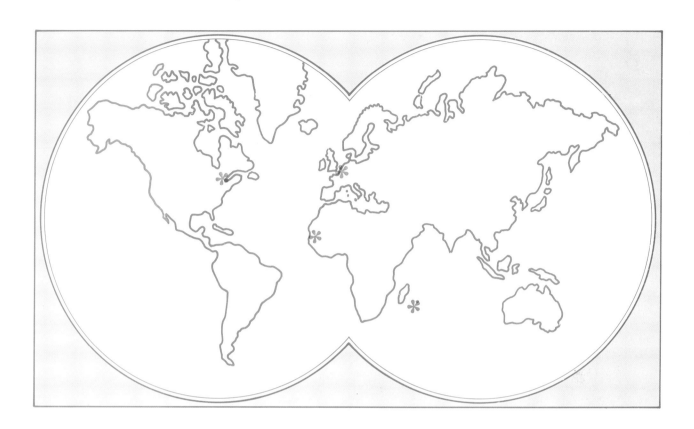

● **Remplissez vite les blancs de l'itinéraire magique et renvoyez-le complété. Vous partirez peut-être pour une des destinations magiques. Pour vous aider, tous les mots à trouver sont dans les textes de présentation.**

JOUEZ ET GAGNEZ

4 VOYAGES ET SEJOURS A GAGNER

Un itinéraire magique
?????????

A moins de quatre heures de vol de l'Europe, rejoignez ....

la perle de l'Afrique noire et visitez à Gorée la Captiverie, la maison d'où ....

Quittez ensuite Dakar pour le sud-est du pays où vous photographierez les ....

.... qui vivent en liberté dans le parc national du Niokolo-Koba.

Cap sud-est. Quelques heures de voyage et voici l'ancienne île Bourbon, La ....

.... découverte en 1663 par .... Prévoyez une excursion

en hélicoptère au-dessus du volcan de la Fournaise qui ....

De là partez vers le nord et comme Jacques Cartier en ...., abordez l'Amérique par ....

.... Vous découvrirez Québec ....

puis Montréal la .... et au moment où les glaces fondent, allez

photographier ....

Dernière étape, la Belgique, au climat ....

Vous découvrirez à Anvers la Mer du Nord et .... Vous

vous promènerez en bateau .... Et vous n'oublierez pas avant

de partir de boire ....

Notre itinéraire s'arrête là. Un de ces pays vous attend si vous êtes un des gagnants de notre jeu.

● **Ecoutez.**

● **On a posé à quatre familles les questions du sondage.**
Ecoutez les réponses de M. Durand, Mme Pottier, Mme Lafleur et M. Persyn.
Dans quelle catégorie va-t-on les placer? Marquez une croix en face de l'affirmation qui convient.

	Durand	Pottier	Lafleur	Persyn
● Avez-vous l'intention de partir en vacances l'été prochain?				
– Oui, sûrement				
– Oui, peut-être				
– Non, ne pensent pas				
– Non, sûrement pas				
– Ne savent pas				
● De quelle façon vous logerez-vous?				
– à l'hôtel				
– en location meublée				
– dans un gîte rural, une maison familiale				
– en camping-caravaning				
– chez des parents ou des amis				
– dans votre résidence secondaire .				
– ne savent pas				
● Où avez-vous l'intention de partir en vacances? Si c'est à l'étranger, pensez-vous partir avec un groupe organisé ou en voyage individuel?				
– Pensent partir:				
en France				
à l'étranger				
à l'étranger:				
avec un groupe organisé				
en voyage individuel				
ne savent pas				
– Ne connaissent pas encore leur destination.				
● Au cours de ces vacances, effectuerez-vous un circuit ou resterez-vous le plus souvent au même endroit?				
– effectuer un circuit				
– rester au même endroit				
● Si vous restez au même endroit est-ce que ce sera à la mer, à la campagne, à la montagne ou en ville?				
– à la mer				
– à la montagne				
– à la campagne				
– en ville				
– ne savent pas				

Pour dire ce qu'on a envie de faire

– *Vous voudriez partir en juin?*
– *J'aimerais partir en juin...*
  Je voudrais partir en juin.

J'ai l'intention de partir en juin.
Je pense partir en juin.
J'espère partir en juin.

● **Formez 4 groupes dans la classe; chacun s'occupe d'une famille différente et commente par écrit les réponses de cette famille.**
Ex.: *La famille A a décidé de partir en vacances à l'hôtel, à la montagne...*

● **Chaque groupe présente ensuite oralement son commentaire. Les autres groupes doivent dire s'ils sont d'accord sur leur interprétation.**

QUEL EST L'HOMME DE VOTRE VIE?

QUELLES DÉCOUVERTES POUR LA SCIENCE DE DEMAIN?

QUELLE EST LA COULEUR QUE VOUS PRÉFÉREZ?

QUELLE AVENTURE AVEZ-VOUS ENVIE DE VIVRE?

QUELLE HEURE IL EST?

OBSERVEZ ET COMPAREZ

Dans toutes les phrases reproduites, observez l'adjectif interrogatif **quel**.

Combien de graphies différentes observez-vous?
Ecrivez-les:

A votre avis, pourquoi trouve-t-on ces différentes graphies?

▷ 2

QUEL ESPOIR POUR DEMAIN?

QUELS SPORTS PRATIQUEZ-VOUS?

QUEL TEMPS FAIT-IL AUJOURD'HUI?

QUELLES SONT LES FEMMES LES MIEUX COIFFÉES DE FRANCE?

● **Un élève pose une des questions suivantes à un autre élève qui doit répondre.**

– Sais-tu dans quels pays vivent les Esquimaux?
– Selon toi, pour quelles raisons faut-il apprendre les langues vivantes?
– A quel âge peut-on dire qu'on est adulte?
– A ton avis, à quelle époque l'homme a-t-il été le plus heureux?
– Selon toi, de quelle manière est-il possible de combattre le racisme?

● **Lisez les phrases suivantes et transformez-les selon le modèle proposé.**

Une chaîne de montagnes sépare la France de l'Italie, laquelle?
Quelle chaîne de montagnes sépare la France de l'Italie?
Quelle est la chaîne de montagnes qui sépare la France de l'Italie?

Un navigateur a découvert l'Amérique, lequel?

_____
_____

Certains animaux vivent dans le désert, lesquels?

_____
_____

Il n'aime que certains fruits, lesquels?

_____
_____

Il y a plusieurs drapeaux bleu, blanc, rouge, lesquels?

_____
_____

On peut observer des différences entre la nuit et le jour, lesquelles?

_____
_____

La télévision française propose plusieurs chaînes, lesquelles?

_____
_____

Une grande famille règne depuis longtemps en Grande-Bretagne, laquelle?

_____
_____

- **Relisez attentivement les documents qui présentent la Belgique, le Québec, la Réunion et le Sénégal au début de cette unité.**
Vous allez rédiger chacun 4 questions sur les 4 modèles proposés.

□ 1ère catégorie de questions: toutes celles qui concernent des personnes (quel homme... quelle femme... quel navigateur...?)

○ 2ème catégorie de questions: celles qui concernent des dates, des époques (à quelle date... à quelle époque... à quel moment... à quelle heure...?)

◇ 3ème catégorie de questions: celles qui concernent des lieux (à quel endroit... dans quelle ville...?)

△ 4ème catégorie de questions: toutes les autres, c'est-à-dire toutes celles qui concernent des sujets divers (quelles langues... quelle population... quels moyens de transport...?)

> Ex.: Je souhaite recevoir la réponse suivante:
> *La population de la Belgique atteint à peine 10 millions d'habitants.*
> Je formule ma question:
> *Quelle est la population de la Belgique?*
> *Quel est le nombre d'habitants en Belgique?*

A vous...

	Je souhaite recevoir la réponse suivante.	Je formule ma question.
□		
○		
◇		
△		

- **Faites corriger ces questions par votre professeur puis recopiez-les sur 4 petites fiches sans oublier de dessiner le symbole correspondant. (Vous inscrirez la réponse au verso de la fiche).**
Placez vos fiches dans l'enveloppe qui convient.

- **Ecoutez.**

- **A vous de retrouver les règles du jeu.**

«Pour jouer au jeu de l'itinéraire magique, il faut.....»

- **Le jeu peut commencer en classe.**
L'animateur tire les 4 premières questions et les écrit au tableau.
Il faut trouver les bonnes réponses en moins de 4 minutes et les écrire dans la grille ci-dessous.

	Question	Réponse
□		
○		
◇		
△		

● Ecoutez et imitez.

– Bravo madame... vous avez gagné!
– Formidable.
– Vous êtes contente?
– C'est merveilleux!
– Et vous monsieur Dupuis, vous avez perdu...
– Tant pis...
– Vous n'êtes pas trop déçu?
– Qu'est-ce que vous voulez, c'est la vie!

(*Télérama* nº 1866)

● **Vous êtes l'animateur du jeu et vous présentez à Madame Pottier le pays dans lequel elle va aller. Servez-vous des informations proposées dans les pages précédentes pour établir la fiche suivante.**

Sénégal
Situation géographique: ....
Superficie: ....
Capitale: ....
Monnaie: ....
Climat: ....
Population: ....
Faune, flore: ....
Religion: ....
Langues parlées: ....
Economie: ....
Histoire: ....
Principaux lieux touristiques: ....

● **Servez-vous de cette fiche pour présenter oralement le Sénégal.**

«Madame Pottier, vous venez de gagner un voyage au Sénégal; connaissez-vous ce pays?
Le Sénégal est .... »

LA BOUTEILLE À LA MER
une passionnante histoire de chasse au trésor

Menez l'enquête avec Théophile Procope... Deuxième épisode

A peine débarqué à Cayenne, Théophile Procope se rend à l'hôtel Amazonia où le professeur Castel avait pris une chambre; il interroge le portier de l'hôtel pour tenter de rassembler quelques renseignements qui lui permettront de retrouver la trace du professeur...

Le nom du professeur Castel ne figure pas sur les registres de l'hôtel. Théophile Procope demande au portier de lui décrire tous les clients présents à l'hôtel ces jours-là. Il note dans son carnet tous les renseignements qui peuvent l'aider dans son enquête.
Trois personnes retiennent son attention. Voici les notes qu'il a prises.

> X: la cinquantaine, cheveux gris, grande taille,
>   porte des lunettes, chambre 215
>
> Y: la soixantaine, cheveux blancs, petit, vit à l'hôtel depuis 15 ans,
>   il occupe la chambre 18.
>
> Z: la cinquantaine, chauve, grand, porte des lunettes,
>   ne parle pas français, chambre 197.

● **Il demande au portier la clé d'une chambre. Quel est le numéro de la chambre?**
Reconstituez le dialogue entre Procope et le portier:

«Bonjour Monsieur. Théophile Procope, détective privé, ...je mène une enquête sur...»

Dans la chambre rien n'a été apparemment déplacé. Théophile Procope remarque pourtant sur la table de nuit à côté du téléphone un morceau de papier. Quelques chiffres... mais ce n'est ni un numéro de téléphone, ni une date de naissance... un message secret peut-être?

10.1.9.3.1.3.8.5.12.15.18.4.1.14.

19.12.5.22.1.19.5.

● **Quelle est la clé du code?**

Ecrivez d'abord toutes les lettres de l'alphabet, faites ensuite correspondre à chaque lettre un chiffre en partant de 1.
Vous pourrez ainsi décoder le message.

● **Quand vous aurez trouvé... marquez d'une croix l'élément découvert dans le message.**

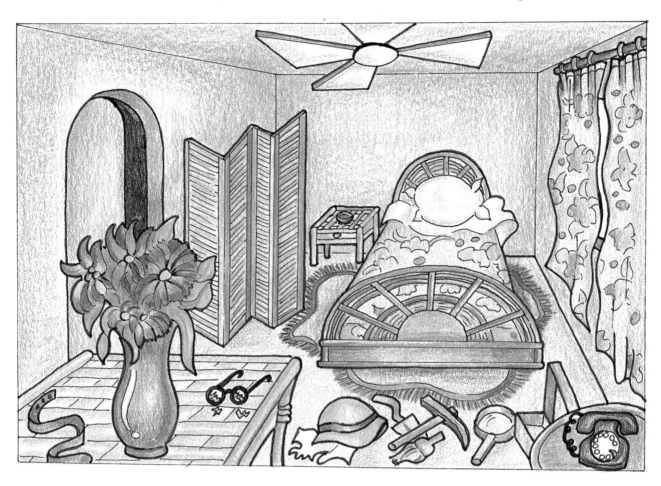

 ● **Ecoutez.**

● **A l'aide de cette émission et des documents qui précèdent, reconstituez la chronologie de l'aventure du professeur Castel.**

1. *28 juin: départ du professeur Castel pour la Guyane.*

2. _____

3. _____

_____

_____

_____

_____

_____

_____

_____

_____

_____

_____

1. Posez les bonnes questions.

Voici la journée du maire adjoint de la ville de Paris.
Rédigez 5 questions que vous pourriez lui poser sur la manière dont elle organise sa journée.

LA FAMILLE D'ABORD

Priorité à la famille et aux trois enfants, affirme-t-elle. Et voici comment elle s'y prend.

A l'exception de deux fois par semaine, elle et son mari rentrent tous les jours déjeuner chez eux. Le téléphone est décroché.

Elle ne sort pas plus de trois soirs par semaine.

L'école des enfants est à un quart d'heure de la maison.

Elle rentre tous les soirs entre 18 h 30 et 19 h et ne ressort pas avant 20 h 15.

Lorsqu'il y a théâtre ou concert, elle emmène deux sur trois des enfants (16 ans et 14 ans) et les associe à sa vie professionnelle, ce qui pour eux est une chance dont elle veut les faire profiter. Elle et son mari n'acceptent jamais de partir en voyage ou en balade avec des amis si les enfants en sont exclus. Il n'y a pas de télévision ou de maison de campagne qui tienne.

Le week-end se passe à Paris. Le marché a lieu tous les samedis matins sur la circonscription.

Vaste congélateur et four à micro-ondes assurent le reste de l'organisation alimentation.

Ajoutez à cela une belle-mère attentive et pédagogue s'occupant énormément de ses petits-enfants, l'exemple d'une mère sénateur, député et ancien ministre qui eut huit enfants et fut toujours disponible pour eux.

(*Biba*, novembre 1987)

2. Mettez de l'ordre.

Relevez dans cet article toutes les expressions de temps. Essayez de les classer.

Ex: *deux fois par semaine* (groupe circonstanciel nominal)

3. Traitez les informations.

Répondez vous-même au sondage de la page 108 en indiquant vos réponses d'une croix.
Rédigez ensuite un paragraphe pour présenter vos réponses: *«Je pense partir en vacances l'été prochain...»*

4. La fabrique d'exercices.

Le jeu de l'itinéraire magique.

Fabriquez vous-même un itinéraire magique (comme celui de la page 107), sur un seul pays.
1. **Choisissez dans la présentation de ce pays (pages 105-106), cinq informations que vous voulez faire découvrir à vos camarades.**
2. **Rédigez le texte du jeu en laissant des blancs aux endroits où devront apparaître les informations que vous avez choisies.**
   Présentez votre texte comme à la page 107.
   Votre texte doit être cohérent et comporter des liaisons entre les phrases.
3. **En classe, donnez votre texte à un camarade : à lui de compléter les blancs.**

5. A vos dictionnaires!

En vous aidant du dictionnaire, fabriquez des titres de journaux sur le modèle suivant:

Le chômage a augmenté en décembre. ⟶   *Augmentation du chômage en décembre.*
1992 : les frontières sont supprimées. ⟶ _____
Les syndicats ont réagi favorablement aux propositions du Premier ministre. ⟶_____
Alerte! Les baleines disparaissent progressivement. ⟶ _____
Les récoltes de blé sont menacées. ⟶ _____
Le plus grand peintre français vient de mourir. ⟶ _____
Un nouveau joueur est arrivé dans l'équipe de France de volley-ball. ⟶_____
La direction et les syndicats ont signé un accord. ⟶ _____
Le président déclare : «Je serai peut-être candidat». ⟶ _____
Un avion a atterri en catastrophe sur l'aéroport du Bourget. ⟶_____
Le rapport d'Amnesty International vient d'être publié. ⟶_____

LES SONS [k] ET [g]

Ces deux sons sont très proches.
Le son [k] est un son sourd : les cordes vocales ne vibrent pas, tandis que le son [g] est un son sonore : les cordes vocales vibrent au passage de l'air.
Exemple: [k] **quai** (n.m.) = rive aménagée le long d'une rivière ou de la mer.
[g] **gai** (adj.) = de bonne humeur.

POUR FAIRE LE POINT

- **Ecoutez et mettez une croix dans la bonne case.**
- **Ecrivez ensuite les mots que vous avez entendus.**

	[k]	[g]
1		
2		
3		
4		
5		
6		
7		
8		

- **Ecoutez et dites s'il s'agit du même son. Ecrivez ensuite les mots que vous avez entendus.**

	=	≠
1		
2		
3		
4		
5		
6		
7		
8		

- **Jouez ce dialogue avec un camarade.**

  – Ecoute, je dois poster un paquet pour mon cousin de Gand. Est-ce que tu peux te garer près de la poste?
  – Je vais me garer à côté de la grille du parc.
  – Attention aux bicyclettes et au mur du garage!
  – Quel choc! La carrosserie est cabossée.
  – Cet accident m'a bouleversé. Viens, allons boire un grog. Je posterai mon paquet dans cinq minutes.

- **Contrôlez dans votre dictionnaire la transcription phonétique des mots suivants.**
- **Puis lisez à voix haute.**

magnat [   ]   diagnostic[   ]

Xavier [   ]   maximum [   ]

exercice [   ]   examen [   ]

accident [   ]   magnum [   ]

excellent [   ]   exister [   ]

POUR BIEN PRONONCER LES SONS [k] ET [g]

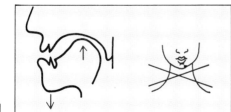

[k]

La bouche légèrement ouverte, appuyez la pointe de la langue contre les incisives inférieures. Le dos de la langue reste en contact avec le palais.
Le son n'est pas prolongé: il explose quand le dos de la langue se détache du palais.
Les cordes vocales ne vibrent pas.

[g]

La bouche légèrement ouverte, appuyez la pointe de la langue contre les incisives inférieures, comme pour le son [k]; le dos de la langue est en contact avec le palais.
Le son n'est pas prolongé: il explose.
Les cordes vocales vibrent.

Pour conjuguer un verbe à l'imparfait ou au passé composé

Vous savez déjà conjuguer les verbes au présent de l'indicatif et de l'impératif.
Pour l'**imparfait**, faites attention aux terminaisons.
N'oubliez pas que le **passé composé** est un temps composé de deux éléments. Il faut donc:
    – connaître le **participe passé** du verbe,
    – choisir l'**auxiliaire** qui convient, (*avoir* ou *être*)
    – accorder le participe passé.
ATTENTION: les règles d'accord sont différentes avec *être* et *avoir*. Consultez le Précis grammatical.

● **Travaillez en équipe en vous servant du Précis grammatical. Vous avez 15 minutes pour remplir la grille suivante.**

INFINITIF	PERSONNE	IMPARFAIT	PASSÉ COMPOSÉ	POINTS
interdire	3			
se souvenir	5			
admettre	2			
conduire	1			
vouloir	6			
	4		nous nous sommes excusés	
découvrir	5			
pleuvoir	3			
suivre	3			
reconnaître	2			
faire	1			
payer	2			
savoir	5			
mourir	4			
se débrouiller	3			
	6		ils ont fondu	
être	2			
	3	il (elle) naissait		
avoir	4			
pouvoir	6			
			TOTAL	

● **Ecrivez un court texte, comme celui de la p. 69 (unité 5) en utilisant les verbes suivants au passé composé:**

s'appeler - naître - arriver - se perdre - passer - aller - monter - entrer- descendre - rester - sortir - se casser - mourir.

Pour construire une phrase interrogative

Retournez voir les unités 1 et 2 et l'unité 8.
Selon la réponse que vous souhaitez, vous allez choisir des constructions différentes.
Vous souhaitez une réponse par oui ou non:

Dites: *Tu viens avec moi au cinéma?*
Est-ce que tu viens avec moi au cinéma?
Viens-tu avec moi au cinéma?

Vous souhaitez une réponse précise, utilisez tous les mots interrogatifs:

Qui, que, pourquoi, comment, combien, où, quand, quel, quels, quelle, quelles.

● Observez les questions qui suivent et classez-les en deux catégories en fonction de la réponse que vous pouvez donner.

● *Pourquoi la lune change-t-elle de forme ? Est-ce-que les étoiles vieillissent ?* ● *Qu'est-ce qui fait exploser les volcans ?* ● *Quand vécurent les Mammouths ?* ● *D'où vient le vent ?* ● *Les Huns étaient-ils si terribles ?* ● *Pourquoi les vaches sont-elles sacrées en Inde ?* ● *A quoi servit le cheval de Troie ?* ● *Peut-on voyager en dirigeable ?* ● *A quoi sert le nombril ?* ● *Qui a inventé la télévision ?* ● *Comment calculer l'âge d'un arbre ?* ● *Qui devient reine des abeilles ?* ● *Qu'est-ce qu'un colporteur ?* ● *Existe-t-il vraiment un "cri qui tue" ?* ● *Pourquoi fait-on des blagues le 1ᵉʳ Avril ?* ● *A quoi servent les robots ?* ● *Pourquoi les danseuses font-elles des pointes ?* ● *Pourquoi le drapeau francais est-il bleu, blanc, rouge ?...*

Autant de questions que vous posent les enfants...
autant de réponses fournies par

OUI - NON	RÉPONSE PLUS DÉTAILLÉE

● **Lisez ce court article.**

Les habitants d'une petite ville du Rhône s'étonnaient de ne plus recevoir de courrier. Tous les matins, ils trouvaient leurs boîtes aux lettres vides. Certains se réjouissaient: plus de factures à payer, plus de nouvelles désagréables; d'autres par contre se plaignaient: plus de lettres d'amour, plus de nouvelles des amis.

La gendarmerie de la ville, après avoir mené son enquête, a découvert la vérité: le facteur, fatigué de porter tous les jours un lourd sac de courrier, n'effectuait qu'une partie de sa tournée, puis il se rendait dans la forêt voisine pour brûler le reste du courrier.

C'est un agriculteur, étonné de voir la fumée s'élever de la forêt, qui a prévenu la police.

Le facteur est en prison et les habitants peuvent de nouveau recevoir leurs factures et leurs lettres d'amour...

● **Posez sur cet article au moins 10 questions de formes différentes.**

1. _____
2. _____
3. _____
4. _____
5. _____
6. _____
7. _____
8. _____
9. _____
10. _____

Pour enrichir le groupe du nom

Vous avez travaillé dans l'unité 6 sur des phrases qui contenaient les pronoms **qui** et **que**.
Pensez à utiliser cette construction pour enrichir vos phrases et pour les rendre plus précises.

Ex.: Dans ce film, les acteurs sont excellents.
Dans ce film, **qui** sort le 5 mars, les acteurs sont excellents.

L'héroïne entraîne ses deux amis dans une aventure invraisemblable.
L'héroïne entraîne ses deux amis dans une aventure invraisemblable **qui** les conduit jusqu'en Egypte.

● **Voici cinq phrases simples. Développez-les en ajoutant après le nom souligné une proposition de votre choix, commençant par *qui* ou *que*.**

1. Il n'y a plus une place pour le concert.
2. Cette chanteuse a vendu huit millions de disques.
3. Que faire des enfants?
4. La télévision passe à Noël un grand dessin animé.
5. Nous avons lu ce livre.

Pour exprimer les degrés de l'adjectif
PLUS...MOINS...AUSSI...TRÈS...LE PLUS...

On peut construire le comparatif et le superlatif avec des adjectifs, des noms ou des adverbes.
Les compléments du superlatif et du comparatif ne se construisent pas de la même façon:

Ce film est plus intéressant que celui que nous avons vu hier.
Ce film présente plus d'intérêt que celui que nous avons vu hier.
Ce film est le plus intéressant de tous ceux que nous avons vus.

Le complément du comparatif et celui du superlatif ne sont pas toujours exprimés:

Ce film est plus intéressant.

ATTENTION: certains adjectifs ont un comparatif ou un superlatif irrégulier. Consultez le Précis grammatical.

● Lisez ces slogans ou ces phrases et recopiez dans deux colonnes séparées les superlatifs et les comparatifs.
Soulignez ensuite le complément quand il est exprimé.

la mer est plus
bleue à Nice

**Avec nous, soyez
plus exigeants**

QUAND DES PRODUITS SONT IDENTIQUES, IL FAUT ÊTRE PARTICULIÈREMENT IDIOT POUR ACHETER LE PLUS CHER.

la plus proche de

LES ESPACES SONT
PLUS GRANDS
À NOUVELLES FRONTIÈRES

**Le meilleur livre d
c'est Matisse.**

Qui propose le plus de vols directs vers l'Amérique du Nord ?

*Vos chances de rester jeune
plus longtemps
viennent de doubler.*

Il y a peu d'endroits où les
temples des Muses sont aussi
mondialement célèbres
que l'Opéra de Vienne.

**réussir c'est plus simple
quand on parle**

À PARIS,
LE JOUR LE PLUS FROID
DEPUIS UN SIÈCLE

es lointaines

La compagnie aérienne qui possède une des flottes les plus modernes du monde croit toujours à la poésie du voyage.

Quelle est la compagnie la plus rapide sur Paris-New York ?

année,

COMPARATIFS	SUPERLATIFS

● **Ecoutez.**

● **Le bulletin d'informations régionales vous donne la position des bateaux. Dessinez les bateaux à la bonne place et n'oubliez pas d'indiquer le numéro du concurrent.**

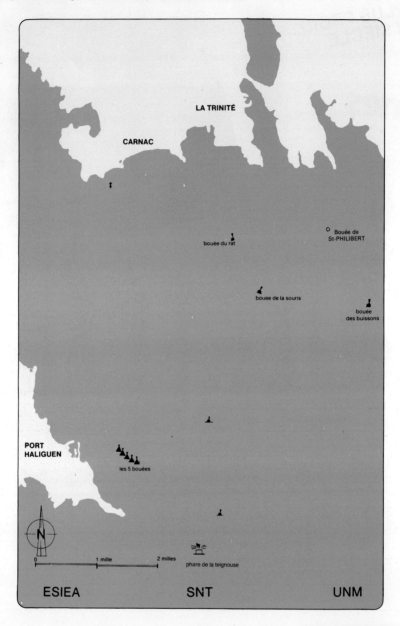

VOUS LES AVEZ TOUS RETROUVÉS?

● **Ecoutez à nouveau le bulletin d'informations et donnez par écrit la position des bateaux, avec le plus de précision possible.**

Le bateau du concurrent numéro 5 se trouve...

RADIO-OCÉAN

_____

_____

_____

_____

● **Lisez cet article.**

VOIR NEW YORK ET COURIR

L'Italien Orlando Pizzolato remporte hier le Marathon de New York pour la deuxième année consécutive.

Récapitulons: 28 000 tee-shirts, 1300 couvertures, 30 unités mobiles de secours, un hôpital ambulant, 1700 médecins bénévoles, plus de 5000 assistants, 1500 arbitres, 2000 journalistes, 24 terminaux d'ordinateurs, un million de gobelets en plastique... Une organisation unique en son genre pour recevoir les 19 000 coureurs de l'épreuve 1985 du plus célèbre des marathons, celui de New York qui s'est déroulé hier dans les rues de Manhattan et du Bronx.

Lorsque la manifestation a été créée en 1970, 127 dossards avaient pris le départ et on ne comptait plus que 55 coureurs sur la ligne d'arrivée. L'opération coûtait à l'époque moins de 1000 dollars, soit 10 000 francs. Avec le temps, le marathon est devenu l'une des plus grandes courses du monde.

19 000 inscrits cette année et plus de 20 000 candidatures refusées.

New York a applaudi aujourd'hui le 100 000ème coureur à avoir passé la ligne d'arrivée: un coureur classé 5280ème de cette épreuve 1985.

Lui court depuis plus de dix ans. Elle, depuis 5 ans. Il est marié. Elle est célibataire. Ils sont tous deux allés à l'université. Il est directeur de société, avocat ou ingénieur. Elle est infirmière, enseignante ou secrétaire. Ils ont tous deux entre 30 et 40 ans et... sont californiens. C'est l'image type du coureur de marathon de New York. Le plus vieux des coureurs a 86 ans. Quant à la plus âgée des participantes elle a 83 ans et est française. Rien d'étonnant lorsqu'on constate que la dé-légation tricolore était la plus importante délégation étrangère avec ses 911 participants, 105 femmes et 806 hommes. En 1976, les Français n'étaient que 290 coureurs.

Le premier homme et la première femme à franchir la ligne d'arrivée ont reçu 25 000 dollars chacun, ainsi qu'une Mercédès. Un cadeau utile après plus de 42 km à pied.

Anne-Marie BENNOUN
(*Le Matin*, Lundi 28 octobre 1985)

● **De quel événement sportif parle-t-on dans cet article?**

_____

● **En quelle année le marathon a-t-il été créé?**

_____

● **Comparez le nombre de participants du premier marathon et celui de 1985 (utilisez un comparatif).**

_____

_____

● **Il y a dans cet article 5 adjectifs employés au superlatif, retrouvez-les.**

1. _____
2. _____
3. _____
4. _____
5. _____

L'article de la page précédente présente «l'image type du coureur de marathon de New York».

- **Relevez dans le tableau les 6 informations qu'on vous donne.
  Pour chacune de ces informations cherchez la question qui a été posée. Ecrivez-la également.**

QUESTION	LUI	ELLE
Depuis combien de temps courent-ils?	Depuis plus de dix ans.	Depuis 5 ans.

- **Voici un autre article sur le Marathon de New York. Les verbes ne sont pas conjugués, vous allez le faire. Choisissez entre l'imparfait et le passé composé. Attention: dans certaines phrases, l'imparfait et le passé composé sont acceptables.**

Ahmed Saleh craque dans Central Park

Ahmed Saleh _____ _____ ses premiers marathons dans la chaleur, le sable et la poussière de son Djibouti natal. A l'époque, il n'_____ → *courir*

appeler ← _____ sans doute pas ça un marathon, et Djibouti _____ _____ le territoire des → *se nommer*

Affars et des Issas. L'enfant du terri-

grandir ← toire _____ sans jamais grossir. Résultat, une sil-houette fragile en apparence mais so-lide. Le 12 avril dernier, Saleh _____ _____ premier au ma- → *terminer*

rathon de la coupe du monde à Hiro-shima, et _____ le

offrir ← titre par équipes à Djibouti.

Hier, il _____ la → *faire* course en tête, jusqu'à l'entrée de Central Park. Et là, Orlando Pizzola-

lâcher ← to l'_____ facile-ment 2 heures et 3 minutes après le début de la course.

Saleh ne _____ → *pouvoir* plus réagir.

applaudir ← Les «tifosi» _____ _____ à la deuxième victoire de leur compatriote et Saleh _____ _____ la tête. → *baisser*

SWEET DREAMS. 1984. 1h55. Comédie dramatique américaine en couleurs de Karel Reisz avec Jessica Lange, Ed Harris, Ann Wedgeworth, David Clennon, James Staley, Gary Basaraba.

A la fin des années 50, la gloire et le grand amour de Patsy Cline, reine de la country music. Deux acteurs de grand talent pour ce joli mélodrame musical, symbole du rêve américain.

CONSEIL DE FAMILLE. 1985. 2h05. comédie dramatique française en couleurs de Costa-Gavras avec Johnny Halliday, Fanny Ardant, Guy Marchand...

A travers le regard bien tranquille d'un enfant, les aventures d'une famille spécialiste des vols les plus audacieux. Une comédie policière pleine d'humour.

REVOLUTION. 1985. 2h05. Film d'aventures anglais en couleurs de Hugh Hudson avec Al Pacino, Nastassja Kinski, Donald Sutherland, Sid Owen.

En 1776, l'Amérique se révolte contre le pouvoir anglais. A travers le destin d'un chasseur, le réveil et la lutte d'un peuple qui aime la liberté. Une grandiose page d'histoire, troisième film d'un réalisateur au talent confirmé par «Les chariots de feu» et «Greystoke».

ENEMY. 1985. 1h35. Film de science-fiction américain en couleurs de Wolfgang Petersen avec Dennis Quaid, Louis Gossett Jr, Brian James, Richard Marcus, Carolyn Mc Cormick.

Au XXIème siècle, sur une planète hostile, la rencontre et l'amitié d'un extra-terrestre et d'un humain. Deuxième film fantastique du réalisateur après «L'histoire sans fin», un conte récompensé par deux prix au festival du cinéma fantastique d'Avoriaz 1986.

INSPECTEUR LAVARDIN. 1985. 1h40. Film policier français en couleurs de Claude Chabrol, avec Jean Poiret, Bernadette Laffont, Jean-Claude Brialy, Jean-Luc Bideau.

Rusé, malicieux, volontaire, l'inspecteur Lavardin, le flic pas comme les autres de «Poulet au vinaigre» est de retour. En enquêtant sur la mort d'un écrivain, il retrouve une femme qu'il a aimée et découvre une étrange famille.

Vous allez au cinéma avec un groupe d'amis. Chacun a envie de voir un film différent.

- **Constituez un groupe de 5, choisissez chacun un des 5 films proposés.**
  Vous discutez devant le cinéma: jouez la scène. Chacun doit dire ce qu'il a envie de voir, pourquoi, et doit essayer de convaincre les autres.

mystères...

QUEL EST NOTRE PASSÉ?
D'OÙ VENONS-NOUS?

QUEL AVENIR POUR NOTRE PLANÈTE?
OÙ ALLONS-NOUS?

Quel est le sens du monde et la place de l'homme dans l'univers?

Il y a environ 15 milliards d'années, s'est produit un événement considérable: notre Univers est né. Tout ce qui existe aujourd'hui est la conséquence de cet événement.
Tout a commencé dans un grand éclair de lumière et d'énergie...

- **Lisez d'abord.**

- **Répondez ensuite par écrit aux questions suivantes:**

  - De quel type de document s'agit-il?
  - Quel est le thème principal de l'ouvrage de Robert Clarke?
  - Quelles sont les questions que R. Clarke pose dans son ouvrage?
  - Comment était l'homme préhistorique d'après R. Clarke?

> **Robert Clarke**
> **De l'univers à nous**
> ou les hasards de la vie
> essai / inédit
>
> Depuis quinze milliards d'années que notre univers est né se déroule une prodigieuse aventure : sont apparus successivement la matière, la vie, l'homme. Les scientifiques sont presque parvenus à tout comprendre de cette longue histoire. Pourquoi l'univers a-t-il commencé un jour? De quoi est faite la matière? Comment la vie est-elle née? En quoi les hommes sont-ils différents des autres êtres? Les extra-terrestres existent-ils — et où? Ce livre tente de montrer ce qui lie entre elles les multiples aventures du monde, de la matière et du vivant. Une place particulière est consacrée à la naissance de l'homme et l'émergence de notre civilisation. Il faut réhabiliter nos ancêtres de la préhistoire, trop mal connus. Grands chasseurs, grands créateurs, grands inventeurs, artistes géniaux, nous leur devons d'exister.
>
> *Robert Clarke* est journaliste scientifique au *Matin de Paris* et présentateur de l'émission « L'avenir du futur » sur TF1. Il est lauréat du prix Glaxo de vulgarisation scientifique.

(Ed. du Seuil)

- **Regardez cette image.**
  Comparez la vie de l'homme primitif à celle de l'homme moderne.

Les extra-terrestres existent-ils?
Les nouvelles énigmes.

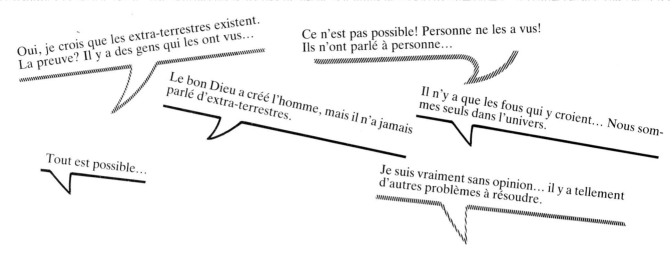

Oui, je crois que les extra-terrestres existent. La preuve? Il y a des gens qui les ont vus...

Ce n'est pas possible! Personne ne les a vus! Ils n'ont parlé à personne...

Le bon Dieu a créé l'homme, mais il n'a jamais parlé d'extra-terrestres.

Il n'y a que les fous qui y croient... Nous sommes seuls dans l'univers.

Tout est possible...

Je suis vraiment sans opinion... il y a tellement d'autres problèmes à résoudre.

- **Choisissez d'abord l'opinion qui vous semble la plus proche de la vôtre.**

- **Puis demandez à vos camarades ce qu'ils ont choisi.**

- **Recopiez ensuite par ordre décroissant les différentes affirmations et indiquez pour chacune le nombre de voix qu'elle a obtenu.**

ORDRE	OPINION	NOMBRE DE VOIX
1		
2		
3		
4		
5		
6		

CLAUDE VORILHON "RAEL"

LES EXTRA-TERRESTRES
m'ont emmené sur leur planète

Ils ont créé l'humanité en laboratoire

CONFERENCE
dans le cadre de la 2e semaine planétaire pour l'accueil des Extra-terrestres du 28 mars au 6 avril 1986

LAUSANNE: Mercredi 2 avril à 20h15 · HOTEL PALACE - 7-9, rue Grand Chêne
GENEVE: Vendredi 4 avril à 20h15 · NOGA HILTON - 19, quai du Mont-Blanc

Dans le cadre de la 2ème semaine planétaire, vous participez au débat qui suit la conférence. Votre professeur dirige le débat, vous devez tous vous exprimer sur le thème:
LES EXTRA-TERRESTRES EXISTENT-ILS?

- **Vous prenez la parole à tour de rôle pendant une minute.**

● **Comment expliquez-vous ce mystère?**

● **Rédigez une ou deux lignes qui serviront de légende à cette image.**

Connaissez-vous la «malédiction des pharaons»? La tradition veut que tous ceux qui pénètrent dans la tombe d'un pharaon meurent de mort violente.

● **A partir de cette image, créez votre propre roman. Son titre est déjà trouvé, il s'appelle «Le mystère de la grande pyramide».
Le personnage principal est l'homme qui tient une lampe sur l'image.
Que s'est-il passé? Comment est-il arrivé là? Pourquoi?
QUE VA-T-IL LUI ARRIVER?
Vous seul le savez et vous allez le raconter à vos camarades...**

Les Français et la science: l'autre insécurité

Les Français reconnaissent l'importance du progrès technique dans l'amélioration de leur vie quotidienne. Mais leur gratitude vis-à-vis du passé fait place à une angoisse croissante face à l'avenir. La science et la technologie vont trop vite et trop loin. Leurs applications représentent pour l'humanité à la fois l'espoir de sa survie et la menace de sa destruction. Dès aujourd'hui, la pollution, sous toutes ses formes, est le prix à payer pour bénéficier du progrès.

Ce qui est bon pour la France n'est pas toujours bon pour les Français

Intérêt de 15 grandes expériences scientifiques par ordre décroissant :

	Pour la France		Pour moi-même	
	Bénéfique	Dangereux	Souhaitable	Inquiétant
• Transplantation d'organes	79,0	3,1	67,1	12,4
• Utilisation des énergies naturelles	78,2	1,4	74,7	3,0
• Satellites de télécommunication	73,5	4,6	66,0	9,0
• Organes artificiels	71,4	6,4	62,1	14,7
• Récupération et recyclage des déchets	67,9	10,4	61,4	15,0
• Petites stations T.V. dans une ville, un village, un quartier	59,6	14,0	58,6	14,1
• Conquête spatiale de la Lune et des planètes	56,8	18,1	41,1	30,4
• Système pour recevoir sur sa T.V. toutes les informations d'un grand ordinateur	53,9	20,0	47,2	25,3
• Alimentation à base d'algues marines	51,7	22,3	39,3	34,2
• Fichiers informatiques sur gros ordinateurs	48,6	31,9	29,9	50,1
• Micro-ordinateurs à la maison	41,1	30,5	33,2	39,3
• Recherche atomique	37,4	40,4	17,3	58,7
• Bébés-éprouvettes	32,4	40,4	17,1	51,5
• Culture industrielle des légumes sur des sols artificiels	23,5	52,3	13,0	62,4
• Automatisation et robotisation des métiers	20,2	56,0	10,7	63,6

(G. Mermet, *Francoscopie*, Larousse)

● **A votre avis quelle est l'expérience scientifique la plus souhaitable et celle qui est la plus inquiétante? Justifiez votre choix.**

LA TRAGÉDIE DE CHALLENGER

Le 28 janvier 86, quelques secondes après son lancement, la navette Challenger explose dans le ciel de la Floride... A son bord 7 astronautes dont une enseignante qui voulait donner de l'espace un cours d'histoire à ses élèves.

Dans le monde entier le choc est énorme. Aux Etats-Unis l'opinion publique demande d'arrêter les vols humains dans l'espace.

● **Quelle est votre opinion? Peut-on arrêter le progrès?**

Interview de «Phosphore» à Hubert Reeves, astrophysicien.

Ph. – Alors ce monde, quel est son avenir?

H. R. – Votre question pose le problème de savoir jusqu'où va aller la vie? Ainsi qu'un autre problème, celui de l'autodestruction. Les êtres humains, qui sont la forme la plus évoluée de la vie, sont capables de s'autodétruire. En revanche, les animaux, eux, n'ont pas cette capacité ou en tout cas ne l'exercent pas. Il y a bien des combats de mâles, de lions ou de phoques, pour conquérir une femelle. Mais il est très rare que ces joutes aillent jusqu'à la mort d'un des adversaires. En général, les animaux cèdent avant de se tuer. Ce qui est tragique chez les êtres humains, c'est que cette espèce de barrière évolutive n'existe pas. Et la possibilité d'un génocide plane sur notre planète. Beaucoup plus qu'une possibilité, puisque l'escalade aux armements nucléaires s'intensifie chaque année.

On peut se demander si la vie dans l'Univers mène nécessairement à l'autodestruction. Alors, nous sommes les acteurs d'une espèce de farce... Aujourd'hui, personne ne peut se permettre d'être optimiste. Il y a pour chaque être humain l'équivalent de quatre tonnes de dynamite. Eh bien, la vie va-t-elle se poursuivre? Tout dépend de ce que l'humanité va en faire.

(*Phosphore*, n° 50, Bayard Press)

La comète de Halley, aussi grande que Paris, s'approche de la Terre tous les 76 ans.

● **Les prévisions d'Hubert Reeves se vérifient: notre planète va disparaître. Vous lancez un message qui dit comment était la vie sur la terre.**

(illustration de Isabelle de Froment, *Astrapi*, n° 175, Bayard Presse)

étape 3

Ah, vous allez là-bas
Oui
Vous savez où c'est?
Non mais je connais
Et vous emmenez tous ces bagages?
Oui
Jamais jamais
Vous entendez
Jamais vous n'arriverez
Là-bas
Avec tout ça

(J. Prévert, *Voyage sur la lune*, extrait de *Soleil de nuit*, Gallimard)

UNITE 9

Ecoutez.

- **Qui appelle qui?**
  Inscrivez les noms.

_____   _____

- **Dans le tableau suivant, inscrivez dans la bonne case l'initiale de la personne qui propose quelque chose et l'initiale de celle qui accepte ou refuse.**

	PROPOSE	ACCEPTE	REFUSE
Acheter des bottes ou un imperméable.	M		
Aller faire des courses au supermarché.			
Aller faire des courses en ville.			
Amener Cécile et Jérôme.			

Vous pouvez me dire le prix des oranges, s'il vous plaît?

Ça coûte combien
Combien ça vaut   les oranges?
C'est combien

- **Ecoutez encore une fois et rédigez sur chacun des thèmes suivants une ou plusieurs phrases en utilisant un comparatif.**

```
                    ┌─────────────────┐
                    │     TEMPS       │
                    └─────────────────┘
          endroit où habite ↗        ↘ Brest
          Catherine
```

```
                    ┌─────────────────┐
                    │    ENFANTS      │
                    └─────────────────┘
          Catherine ↗              ↘ Maryvonne
```

```
                    ┌─────────────────┐
                    │ PRIX DES BOTTES │
                    └─────────────────┘
          petite boutique ↗          ↘ supermarché
          en ville
```

Ex.: _Il fait aussi mauvais à l'endroit où habite Catherine qu'à Brest._

- **Ecoutez et imitez**

– Vous pouvez me dire le prix de ces bottes?
– 150 francs, madame.
– Merci, c'est trop cher!

– Elle vaut combien cette montre?
– 2000 francs.
– Vous n'avez rien de moins cher?
– Si bien sûr, je vais vous montrer...

– C'est combien cette pellicule photo?
– 36 francs.
– Très bien, j'en prends deux.

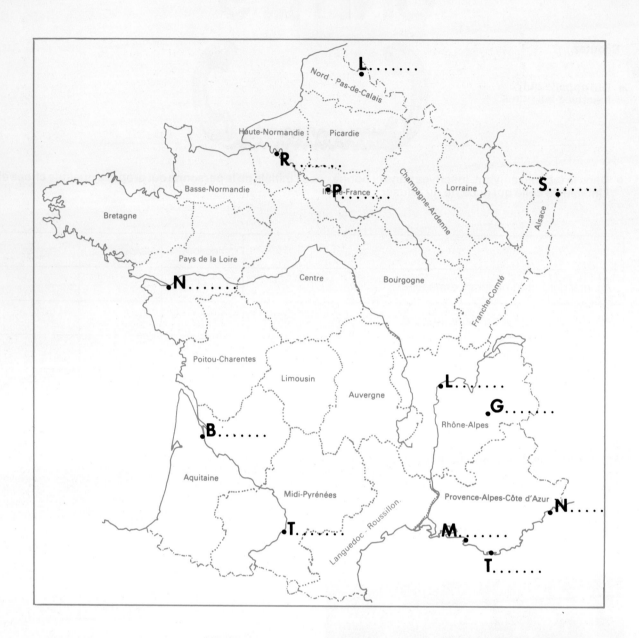

● **Reportez sur la carte les noms des différentes villes. (Aidez-vous du tableau).**

VILLE	RÉGION
1. Paris	Ile-de-France
2. Lyon	Rhône-Alpes
3. Marseille	Provence-Alpes-Côte d'Azur
4. Lille	Nord-Pas-de-Calais
5. Bordeaux	Aquitaine
6. Toulouse	Midi-Pyrénées
7. Nantes	Pays de la Loire
8. Nice	Provence-Alpes-Côte d'Azur
9. Toulon	Provence-Alpes-Côte d'Azur
10. Grenoble	Rhône-Alpes
11. Rouen	Haute-Normandie
12. Strasbourg	Alsace

Les villes sont classées en fonction du nombre d'habitants.

LA MÉTÉO DE L'ÉTÉ

par Albert Simon

Il n'y aura pas de grosse chaleur. La pluie et le soleil alterneront en juillet et août. La première semaine de septembre sera la plus stable et la plus ensoleillée.

Juillet sera plus chaud que juin et nettement plus ensoleillé. Il pleuvra beaucoup moins qu'en juin mais un peu plus que d'habitude à cette époque de l'année, notamment sur la banlieue est de Paris, les régions de l'Est, du Centre et du Sud-Ouest. Juillet débutera par un temps un peu plus chaud mais entrecoupé de légères averses sur la moitié nord de la France.

Dans la première semaine, malgré une remontée sensible du thermomètre, il ne fera vraiment chaud que dans le Midi, malgré un bref orage au début du mois, sur la Côte d'Azur. Sur la moitié nord de la France, le soleil alternera avec de légères averses de courte durée, précédées de rafales de vent. Il fera beau un jour sur deux.

La deuxième semaine sera bien plus ensoleillée et nettement plus chaude. Il fera très chaud du 11 au 13. Des orages éclateront d'abord sur le Béarn, la Gascogne, l'Aquitaine; ensuite sur les régions du Centre; et puis sur le Bassin parisien dans la soirée du 13 ou du 14 juillet.

Après deux ou trois belles journées vers la mi-juillet, de nombreux orages éclateront vers le 17-18, d'abord sur la moitié nord de la France, le Centre et le Bassin parisien, ensuite dans le Nord et dans l'Est.

Du 19 au 23, il ne fera ni vraiment beau ni mauvais; quelques averses çà et là; violents orages sur le Midi méditerranéen, le 20. Du 24 au 27, des brouillards le matin sur les régions voisines de la Manche, mais partout ailleurs il fera assez beau et de plus en plus chaud.

Ce temps estival sera sans lendemain. Pour les quatre derniers jours de juillet, temps maussade et nettement plus frais. Il fera cependant assez beau dans le Sud-Ouest. Partout ailleurs, un ciel le plus souvent gris, entrecoupé d'averses. Il pleuvra abondamment dans l'Est et sur les Alpes; possibilité de neige du côté de la frontière italienne. Vers la fin du mois, pluies d'orage sur la Provence et la Côte d'Azur.

● **Remplissez la grille de la météo de l'été.**

JUILLET		Nord moitié nord	Centre Bassin parisien	Sud-Ouest Béarn-Gascogne Aquitaine	Midi Provence Côte d'Azur	Ouest Manche	Est
1ère semaine	1 2 3 4 5 6 7	un peu plus chaud légères averses					
2e semaine	8 9 10 11 12 13 14						
3e semaine	15 16 17 18 19 20 21						
4e semaine	22 23 24 25 26 27 28						
	29 30 31	Temps maussade					

- Dans cet article de journal, vous avez peut-être remarqué que la plupart des verbes sont au *futur*.
Nous les avons notés à l'*infinitif*, à vous de retrouver les phrases où ils apparaissent.
Quand vous en avez trouvé une, écrivez-la dans le tableau ci-dessous.

INFINITIF	PHRASE OÙ CE VERBE APPARAÎT
alterner	
être	
devenir	
pleuvoir	
débuter	
éclater	
avoir	
survenir	
faire	

 OBSERVEZ ET COMPAREZ

Combien de formes différentes du verbe
venir ENTENDEZ-VOUS?

Combien de formes différentes de ce verbe VOYEZ-VOUS?

– Bien sûr, je viendrai avec Sylvie.
– Tu viendras avec elle?
– Oui, nous viendrons ensemble.
– Et les Bruno, ils viendront aussi?
– Lui viendra sans doute,
elle, je ne le pense pas.

Attention! le verbe **venir** est irrégulier.
Pour apprendre à former le futur, consultez le précis grammatical.

 35

- A vous de conjuguer les verbes suivants au futur.
Vous pouvez vous aider du Précis Grammatical.

INFINITIF	Personne	FUTUR
demander	3	
finir	2	
répondre	1	
aller	4	
devenir	6	
vendre	5	
pouvoir	3	
partir	4	
voir	2	
aller	6	

(dessin de SEMPÉ)

CHANGEMENT D'HORAIRE

Adieu l'été, bonjour l'hiver !

LES SEPT HORLOGERS DE LA VILLE DE PARIS SE PREPARENT A LEUR COURSE CONTRE LA MONTRE BI-ANNUELLE, POUR METTRE A L'HEURE LES 1 800 HORLOGES PUBLIQUES DE LA VILLE

L'automne est revenu. Pas encore dans le ciel ni sur les thermomètres mais sur les pendules, les horloges et autres montres. L'événement, devenu banal depuis 1976, aura lieu dans la nuit de samedi à dimanche. Exactement à 3 heures. A ce moment précis, les aiguilles du temps opèreront un léger bond dans le sens contraire des aiguilles... d'une montre. A 3 heures, il sera 2 heures ! La journée de dimanche comptera vingt-cinq heures. Il en sera ainsi pour toute l'Europe occidentale, exceptée la Grande-Bretagne et l'Irlande où l'heure d'été restera en vigueur jusqu'au 27 octobre. Alors, attention ! N'oubliez pas de retarder vos montres d'une heure, sinon, lundi vous irez au travail avec une heure... d'avance !

Si tout un chacun peut le faire tranquillement chez lui, ce n'est pas le cas des sept horlogers de Paris et leurs collègues de province. Mille huit cents : c'est le nombre des horloges publiques qui seront remises à l'heure durant le week-end. Dès hier soir, nos sept horlogers ont commencé leur « marathon pendule ». Dans un premier temps, les horloges et pendules situées à l'intérieur des locaux municipaux, comme les écoles ou les piscines, sont retardés d'une heure. Dimanche, ce sera le tour des horloges visibles au public : celles des monuments comme l'Hôtel de Ville, les mairies d'arrondissement et les églises. La tâche des horlogers n'est pas simple. Si pour passer à l'heure d'été il suffisait d'avancer les aiguilles d'une heure, il en va tout autrement pour « rattraper » l'heure d'hiver : il faut stopper le mécanisme — il en existe trois cents — et revenir auprès de chaque horloge, cinquante-neuf minutes plus tard, pour la faire redémarrer. Sinon il sera nécessaire de faire accomplir aux aiguilles vingt-trois tours du cadran.

Ainsi, ce sont des centaines d'étroits escaliers en colimaçon et des milliers de marches que l'équipe des sept devra escalader puis redescendre à deux reprises. Au bout de leur travail, il en sera fini de l'heure d'été ; jusqu'au dernier dimanche de mars de l'année prochaine.

(« Le Matin », 28/29-9-1985)

course contre la montre = course chronométrée

● **Transformez le premier paragraphe de l'article pour décrire le passage à l'heure d'été.**

Le dimanche 30 mars à 2 heures du matin, on avancera les horloges d'une heure...

> *Le printemps est revenu. Pas encore dans le ciel ni sur les thermomètres, mais...*

Les arrondissements de Paris.

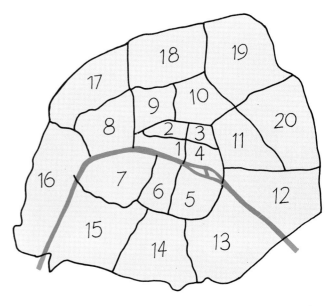

● **Combien y a-t-il d'arrondissements à Paris? Observez la manière dont ils sont numérotés: à quel animal cela vous fait-il penser?**

LE TEMPS AUJOURD'HUI VERS MIDI

(Températures maximales)

Légende : ENSOLEILLE, AVERSES, VENT, NUAGEUX, PLUIE, BRUMES-BROUILLARDS, COUVERT, ORAGES, NEIGE

Villes : CHERBOURG 7°, LILLE 4°, BREST 10°, PARIS 4°, STRASBOURG −2°, NANTES 9°, TOURS 2°, BESANÇON 2°, LIMOGES 3°, LYON 4°, BORDEAUX 8°, BIARRITZ 10°, TOULOUSE 9°, NICE 13°, MARSEILLE 8°, AJACCIO 14°

MÉTÉOROLOGIE NATIONALE

EUROPE
(prévisions)

AMSTERDAM
−3 mini / 0 maxi.
Quelques flocons.
ATHENES
14 mini / 19 maxi.
Nuageux.
BONN
−10 mini / −2 maxi.
Ensoleillé.
BRUXELLES
−6 mini / 0 maxi.
Ensoleillé.
COPENHAGUE
−4 mini / 1 maxi.
Ensoleillé.
GENEVE
−3 mini / 2 maxi.
Ensoleillé.

LISBONNE
10 mini / 16 maxi.
Pluvieux.
LONDRES
2 mini / 4 maxi.
Pluie.
LUXEMBOURG
−8 mini / −2 maxi.
Ensoleillé.
MADRID
−1 mini / 6 maxi.
Pluvieux.
PARIS
−4 mini / 3 maxi.
Neige puis pluie.
ROME
10 mini / 16 maxi.
Ensoleillé.

MONDE
(derniers relevés)

ALGER
10 mini / 18 maxi.
Pluie.
CASABLANCA
8 mini / 13 maxi.
Pluie.
DAKAR
20 mini / 28 maxi.
Ensoleillé.
JERUSALEM
4 mini / 17 maxi.
Ensoleillé.
TUNIS
9 mini / 21 maxi.
Ensoleillé.
NEW YORK
−3 mini / 5 maxi.
Ensoleillé.

● **Voici la carte météo du 1er janvier 1986; retrouvez le temps qu'il faisait ce jour-là dans les différentes régions de France.**

«Le premier janvier 1986, il pleuvait à...»

● **Découpez dans un journal une carte météo.**
Préparez pour des touristes français un bulletin présentant le temps qu'il va faire dans votre pays. Précisez aussi les vêtements qu'ils devront prévoir.

«Vous voyagez, le temps sera pluvieux... n'oubliez pas vos parapluies...»

Ecoutez.

● **Numérotez ces expressions dans l'ordre où vous les entendez.**

	Il va bientôt arriver.
	Je croyais être en avance!
	Encore cinq minutes et je m'en vais...
	Il n'est jamais à l'heure!
1	Déjà 10 heures!
	Tu as vu l'heure?
	Ça fait vingt minutes que j'attends.
	Je suis en retard.
	Juste une petite demi-heure...
	Tu es toujours en retard!

Ecoutez et imitez.

Ecoute... Je ne comprends pas... tu es toujours en retard... ça n'est plus possible.

Pour s'excuser

Excuse-moi.   Excusez-moi.
Je suis désolé(e)!

Pour protester

C'est inadmissible!   C'est pas possible!
J'en ai assez!
J'en ai marre!

● **Répondez à la question posée selon les situations proposées.**

	Il est	Etes-vous à l'heure?
Rendez-vous à 14h chez le dentiste		_____
Cinéma RIALTO Séances à 14h30, 17h, 20h15		_____
Bibliothèque municipale Heures d'ouverture: 10h-18h		_____
Départ pour Bruxelles, Gare du Nord, 9h18, 11h23, 14h15		_____
Dîner chez les Pagès, vers 20 h.		_____

● **Dans chacune de ces situations, vous avez rendez-vous avec une autre personne.
Par groupes de deux, choisissez une de ces situations; décidez du rôle que vous allez prendre et jouez le dialogue devant vos camarades.**

POUR FABRIQUER UNE MONTRE OU UNE HORLOGE.

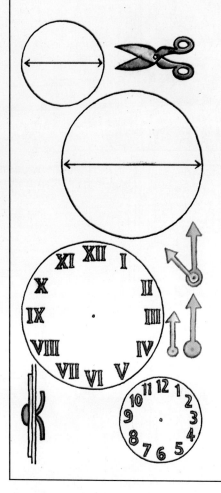

1) Dessinez sur du bristol un cercle de 4 cm de diamètre (30 cm de diamètre) pour réaliser le cadran d'une montre (le cadran d'une horloge).

2) Découpez soigneusement le cadran.

3) Inscrivez les heures en chiffres romains ou arabes.

4) Découpez la petite et la grande aiguille.

5) Fixez les aiguilles au centre du cadran avec une attache parisienne.

OBSERVEZ ET COMPAREZ

	cycle de 12 heures			cycle de 24 heures	
On peut dire:					
Deux heures	cinq	ou	Quatorze heures	cinq
" "	dix	ou	" "	dix
" "	et quart	ou	" "	quinze
" "	vingt	ou	" "	vingt
" "	trente (et demie)	ou	" "	trente
Trois heures	moins vingt	ou	" "	quarante
" "	moins le quart	ou	" "	quarante-cinq
" "	moins dix	ou	" "	cinquante
" "	moins cinq	ou	" "	cinquante-cinq

● **Maintenant jouez dans la classe...**

Mettez toutes vos montres ou horloges à l'heure.
Quelle heure est-il?
Avancez vos montres ou horloges de vingt-cinq minutes.
Quelle heure est-il?
Retardez-les de quarante minutes.
Quelle heure est-il?

● **Continuez à jouer.**

● **Regardez cette image.**

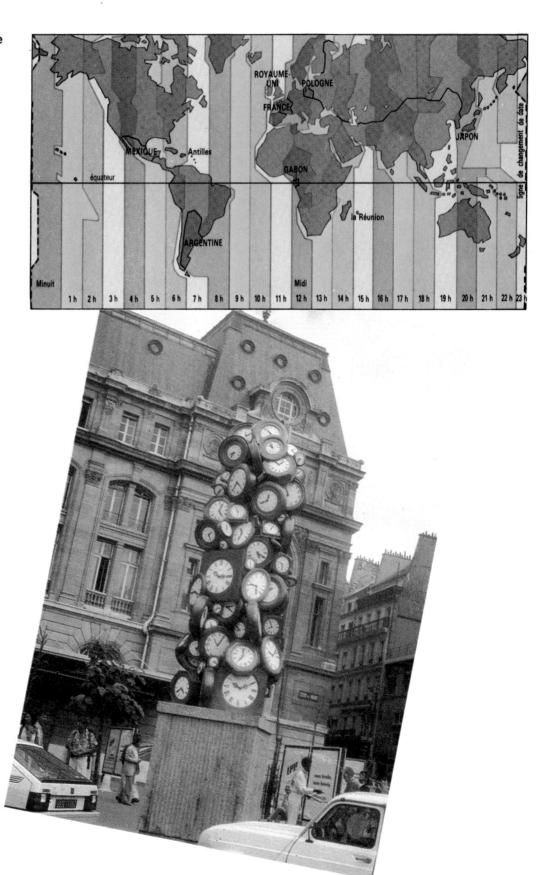

Horloge de la
Gare Saint-Lazare
réalisé par Arman.

● **Quelle heure est-il à la gare Saint-Lazare?**
Quelle heure est-il dans le monde? Choisissez cinq villes et donnez l'heure qu'il est par rapport à l'heure de votre pays.

1. Cherchez le verbe.

**Lisez cet article et soulignez tous les verbes au futur proche (aller + infinitif).
Réécrivez le texte en les transformant ensuite en futurs simples.**

Ex.: *Les hommes ne vont pas émigrer. —→ Les hommes n'émigreront pas.*

VIVRE SOUS LA MER

Parmi les projets de Jacques Rougerie, architecte, une extraordinaire maison sous la mer, prévue pour des séjours de plusieurs semaines.

«Non, les hommes ne vont pas émigrer sous la mer. Mais certains hommes vont aller travailler sous la mer. Il va s'agir de colonies humaines – les nouveaux pionniers du monde de demain. Car c'est là, avec l'espace, la grande aventure irréversible du siècle qui vient. Aventure pour les scientifiques qui vont découvrir les mécanismes qui régissent ce milieu, et pour les techniciens qui vont savoir utiliser les sources intarissables d'énergie.
Moi, je travaille pour que ces nouveaux aventuriers vivent dans des conditions d'harmonie avec le monde sub-aquatique. L'homme va aller et venir entre la maison et l'environnement de la maison, pour le travail, pour le plaisir. Le plaisir, voilà aussi ce que le monde sous-marin va nous offrir. Pendant des millénaires la mer a été une surface. On naviguait, on vivait sur l'eau. Elle est maintenant un volume : on va vivre sous l'eau, on va voir sous l'eau. Quelque chose, en l'homme, va être changé.»

2. Posez les bonnes questions.

Quelles questions auriez-vous envie de poser à Jacques Rougerie si vous le rencontriez?

3. Traitez les informations.

**Une famille de quatre personnes – deux adultes et deux enfants – dispose d'un budget de 2000 francs pour s'habiller.
Que lui conseilleriez-vous de choisir?**

OFFRE SPÉCIALE

ENFANT		HOMME		FEMME	
Pantalon jean's	99F50	Pantalon flanelle	145F00	Jupe unie plissée	139F00
Blouson à capuche	159F50	Veste ville	299F	Chemisier imprimé	98F50
Chemise à carreaux	29F50	Chemise fantaisie	79F50	Manteau 3/4 uni	329F00
Pantalon velours	59F50	Pantalon velours	99F50	Pantalon jean's	149F50
		Chemise écossaise	44F50	Manteau col tailleur	250F00
CHAUSSURES		Blouson confort	299F50	Pantalon lainage	145F00
Mocassins homme	199F50	Pull fantaisie	44F50	Chemisier uni	149F50
Escarpins	79F50				
		SPORT			
		Survêtement	49F50		

4. A vos dictionnaires!

**Formez des verbes nouveaux en ajoutant devant les verbes qui suivent un préfixe (dé- ou re-).
Vérifiez à chaque fois dans le dictionnaire.**

lancer	veiller	tarder	coudre	voir
fermer	vendre	posséder	couvrir	lire
sembler	faire	connaître	venir	envoyer
livrer	agir	monter	voiler	passer

LES SONS [p] ET [b]

Ces deux sons sont très proches, mais un changement de son entraîne un changement de sens.
Exemple: [p] **pain** (n.m.) = aliment cuit au four, composé essentiellement de farine, d'eau et de sel.

[b] **bain** (n.m.) = eau dans laquelle on se baigne.

POUR FAIRE LE POINT

• Ecoutez et mettez une croix dans la bonne case.
• Ecrivez ensuite les mots que vous avez entendus.

	[p]	[b]
1		
2		
3		
4		
5		
6		
7		
8		

• Ecoutez et dites s'il s'agit du même son.
• Ecrivez ensuite les mots que vous avez entendus.

	=	≠
1		
2		
3		
4		
5		
6		
7		
8		

• Ecoutez, puis lisez cette comptine à voix haute.

La baleine qui tourne, qui vire
Comme un joli petit navire
Prenez garde à vos petits doigts
Ou la baleine les mangera!

(*Comptines en liberté*, choisies par Jacqueline Pierre, Nathan)

• Ecoutez d'abord puis jouez ce dialogue avec un camarade.

– Tu as vu mon portefeuille? Je l'avais posé sur la table...
– Sur la table, il y a ton passeport et un tube de dentifrice.
– Ne déplace rien : je prépare mes bagages.
– Tu pars en voyage?
– Oui, je vais à Bordeaux avec mes parents.

POUR BIEN PRONONCER LES SONS [p] ET [b]

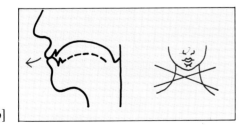

[p]

La bouche est légèrement ouverte.
Appuyez légèrement les lèvres l'une contre l'autre.
Le son est court, il explose.
Les cordes vocales ne vibrent pas.

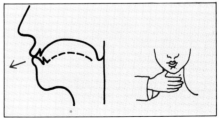

[b]

La bouche est légèrement ouverte.
Bien appuyer les lèvres l'une contre l'autre.
Le son explose.
Les cordes vocales vibrent.

FAUT PAS CROIRE (par Konk)

PAS BESOIN D'ETRE SORCIER POUR DEVINER QU'IL Y AURA BIENTÔT...

... UNE AUTRE GUERRE.

(*L'événement du jeudi*)

UNITE 10

Ecoutez, signe par signe, le conseil du jour.

Il est six heures quarante. A bord de la Belle Province, Marion Dupuis écoute la radio. C'est l'heure de l'horoscope.

- **Ecoutez les conseils du jour et dessinez dans les colonnes correspondantes (cœur, travail, argent, santé),**
  - ⊕ **pour les choses agréables**
  - ⊖ **pour les choses désagréables**
  - ① **pour les conseils.**

SIGNE	CŒUR	TRAVAIL	ARGENT	SANTE
BELIER (21 mars - 20 avril)				
TAUREAU (21 avril - 21 mai)				
GEMEAUX (22 mai - 21 juin)				
CANCER (22 juin - 22 juil.)				
LION (23 juil. - 23 août)				
VIERGE (24 août - 23 sept.)				
BALANCE (24 sept. - 23 oct.)				
SCORPION (24 oct. - 22 nov.)				
SAGITTAIRE (23 nov. - 21 déc.)				
CAPRICORNE (22 déc. - 20 janv.)				
VERSEAU (21 janv. - 18 fév.)				
POISSONS (19 fév. - 20 mars)				

- **Ecoutez encore une fois.**
  - Marion Dupuis est née le 19 juin. Que dit son horoscope du jour?

  _____

  _____

  _____

  - Quel jour êtes-vous né(e)?

  - Quel est votre horoscope?

  _____

  _____

  _____

  _____

  _____

- **Demandez à un autre élève de la classe quelle est sa date de naissance.**
  Dites-lui son horoscope.

  « Tu auras... »

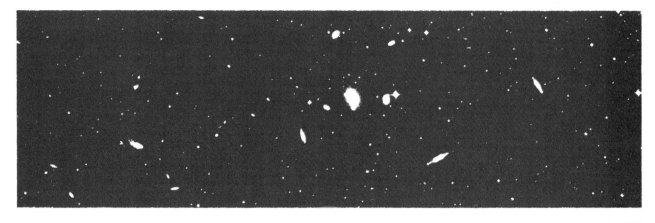

Les signes du Zodiaque. Manuscrit du XVe siècle.

 Faut-il croire aux horoscopes ?

*De nombreux journaux diffusent des
horoscopes qui « prédisent » la destinée de
chacun d'après la position des étoiles au moment
de sa naissance.
Dès la plus haute Antiquité, en Mésopotamie, en
Egypte, en Grèce, on a cru pouvoir lire l'avenir
dans les astres. Ainsi naquit l'astrologie. Mais les
constellations, nous l'avons vu, sont des figures
purement imaginaires. Et il est évident que les
individus nés au même instant de par le monde
n'ont pas pour autant le même destin. Les bases
de l'astrologie ne sont donc guère sérieuses. Et il
ne faut pas confondre celle-ci avec l'astronomie
qui est, elle, une science basée sur des faits
d'observation indiscutables.*

FAUT-IL CROIRE AUX HOROSCOPES?

● **Ecrivez votre opinion.**
   Cherchez une ou plusieurs raisons pour la justifier.
   Trouvez un exemple ou une anecdote qui l'illustrent.

● **Organisez un débat en classe sur ce thème: faut-il ou ne faut-il pas publier un horoscope dans le journal de votre lycée?**
   Choisissez d'abord un président de séance qui devra distribuer la parole et diriger les débats.
   Répartissez-vous ensuite en deux camps: POUR et CONTRE. Tout le monde doit s'exprimer.
   Il faut voter à la fin du débat. Pour bien organiser ce débat, servez-vous du canevas suivant:

LE PRÉSIDENT
Nous devons prendre une décision:
devons-nous publier un horoscope
dans le journal du lycée?
QUI VEUT PRENDRE LA PAROLE?

a
Moi, je pense que...
Selon moi...
A mon avis...

Merci A; B vous avez la parole...

b
Je ne suis pas d'accord
avec A... je crois que...

C... quelle est votre opinion?

c
Je trouve que B a raison...
Comme B, je pense que...

(pour voter)
Qui est pour (contre)? Levez la main.

LA VIE EN ROSE
Rêver en couleurs

Savez-vous qu'on ne rêve presque jamais en noir et blanc?

Si une couleur domine dans vos rêves, c'est que Morphée, le dieu du sommeil, veut vous transmettre un message précis.

Le **bleu** est la couleur de la réflexion, de la paix intérieure, de la sérénité.

Le **rouge** peut indiquer des problèmes mais peut exprimer aussi bien la force des passions.

Le **jaune** brillant, solaire, indique l'intelligence. Si la couleur est terne, cela révèle plutôt votre égoïsme.

Le **vert** rappelle la nature, le réveil des forces naturelles. Il est synonyme de prospérité.

Le **gris** et le **noir** témoignent d'un désir de clarté, mais aussi d'une certaine angoisse.

Le **brun** vous invite à une vie plus concrète et réaliste.

Le **mauve** suggère un besoin de méditation.

Le **blanc** correspond à la lumière et à la pureté.

● **Lisez le mode d'emploi du rêve en couleurs.**

● **Travaillez maintenant avec votre voisin.**
A tour de rôle, demandez-vous quelle est la couleur qui domine dans vos rêves et donnez une explication plausible.

Ex.: – *Quelle est la couleur qui domine dans tes rêves?*
– *C'est le bleu.*
– *Peux-tu me raconter un de tes rêves bleu?*
– ....
– *A ton avis, qu'est-ce que cela veut dire?*
– ....

● **Maintenant vous devez raconter à toute la classe le rêve de votre voisin.**

Ex.: «*La couleur qui domine dans le rêve dont X... m'a parlé, est le bleu. Je vais vous raconter le rêve qu'il a fait: il était dans une ville entièrement bleue...*»

OBSERVEZ ET COMPAREZ

François vient de me raconter une aventure **dont** il est le héros.
(il est le héros **de** cette aventure)
François vient de me raconter une aventure **dont** il est très fier.
(il est très fier **de** cette aventure)
François vient de me raconter une aventure **dont** on lui a parlé hier.
(on lui a parlé **de** cette aventure hier)
François vient de me raconter une aventure **qu'**il a inventée.
(il a inventé cette aventure)

Observez en particulier la construction des groupes que **dont** remplace.

Consultez votre précis grammatical.

Complétez les phrases suivantes avec le pronom qui convient.
Vous avez le choix entre **qui**, **que** et **dont**.

Dans le rêve _____ X m'a parlé, le bleu est la couleur dominante.
J.-M. Leclerc a raconté à la presse l'accident _____ __ lui est arrivé.
Quelqu'un _____ je connais bien, a acheté une voiture _____ il est très satisfait.
Il a participé à une course _____ il a remportée facilement.

Le garçon _____ elle est amoureuse est le meilleur joueur de tennis du lycée.
Le médecin _____ j'ai vu m'a dit de prendre des vacances.
J.-M. Leclerc a raconté à la presse l'accident _____ __ il a été victime.
Le professeur de français nous a demandé de parler d'un livre_____ nous venions de lire.
Le travail_____ il a trouvé l'intéresse beaucoup plus que le précédent.
Je retournerai au Québec, c'est un pays _____ me plaît et _____ j'aime.

● **Ecoutez.**

● **Astrid Luond est l'une de ces trois femmes. Laquelle?**

● **Reliez par une flèche la forme de la main aux caractéristiques qu'elle révèle.**
● **Inscrivez ensuite, sous chaque dessin représentant les différentes formes de la main, la lettre qui correspond.**

caractère anxieux

caractère énergique et ambitieux

caractère responsable

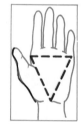 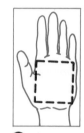 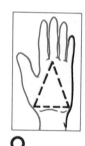

A. paume conique

B. paume carrée ○

C. paume spatulée

● **Astrid Luond décrit les principales lignes de la main.**
Placez sur chacune d'entre elles le numéro qui correspond.

● **Ecoutez encore une fois...**
● **Ecrivez dans la grille les adjectifs qui caractérisent les différentes personnalités.**
Pouvez-vous trouver leur contraire?

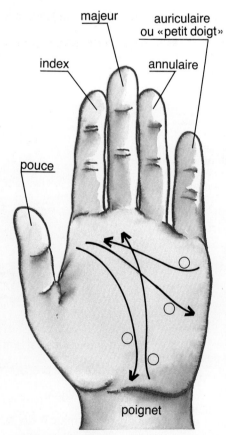

majeur
auriculaire
ou «petit doigt»
index
annulaire
pouce
poignet

1) ligne de destin
2) ligne de cœur
3) ligne de vie
4) ligne de tête

ADJECTIF	CONTRAIRE
rationnel	

LA LIGNE DE VIE

La ligne de vie donne une indication sur la manière dont les gens dépensent leur énergie.
Courte, elle indique que la personne est capable d'efforts violents mais brefs.
Longue, elle signifie que la personne utilise son énergie vitale de manière continue et régulière.
Profonde, la ligne de vie indique une existence tranquille.
Irrégulière, une vie turbulente marquée de crises.
Quand le départ de la ligne de vie est proche de la base de l'index, la personne est ambitieuse. Quand le point de départ de cette ligne est proche du pouce, la personne manque de confiance en elle.

(Adapté de «Jouez les diseuses de bonne aventure» de Elizabeth Alexandre, *20 ans*, janvier-février 1986)

LA LIGNE DE CŒUR

Quand elle est **droite**, la personne est plus intellectuelle que sentimentale.
Plus la ligne est **courbe**, plus la personne est sentimentale et passionnée.
Quand la ligne est très large, la personne est difficile à vivre. Quand la ligne de cœur se termine sous l'index, la personne est équilibrée et n'est pas du tout jalouse.
Quand la ligne de cœur se termine entre le majeur et l'annulaire, elle révèle égoïsme, jalousie et possessivité.
Lorsque la ligne de cœur a des ramifications montantes, cela correspond à un caractère aimable et ouvert. Des ramifications descendantes révèlent un caractère timide et réservé.

LA LIGNE DE TÊTE

Très **droite**, elle indique une personne rationnelle;
courbe, une personne intuitive;
ondoyante, une personne snob et futile.
Une ligne de tête **horizontale** révèle une personne qui manque d'imagination.
Quand le point de départ de la ligne de tête est nettement séparé de celui de la ligne de vie, la personne sait faire la part entre l'émotion et la raison.

LA LIGNE DE DESTIN

Quand elle est **nette** et **régulière**, elle indique que la personne sait ce qu'elle veut depuis son enfance.
Quand la ligne de destin n'est pas **verticale**, c'est un signe de mobilité: la personne changera souvent de métier et voyagera beaucoup.

● **Dans l'espace ci-contre, dessinez votre main et ses lignes.**

● **Consultez l'article sur les lignes de la main et retrouvez votre caractère.**
   Présentez-vous par écrit en utilisant le plus d'adjectifs possible.

_____

_____

_____

_____

_____

_____

_____

_____

● **Maintenant, par groupes de deux, préparez une consultation chez une chiromancienne et jouez-la devant vos camarades.**

On vous apprend à skier,
on vous ....
on vous joue de la musique,
on vous garde les gamins,
on vous ....
on vous organise des compétitions,
on vous prépare du vin chaud,
on vous ....
on vous rend vos gamins ravis,
on vous fait des superbes goûters,
on vous ....
on vous fait des fêtes,
on vous fait gagner des médailles,
on vous ....
on vous fiche la paix,
on vous mijote des petits soupers,
on vous ....
on vous ....
on vous apprend le ski de fond à fond,
on vous ....

On vous dit le prix ? ....
On vous dit où ? ....

Club Méditerranée
42.96.10.00

✱ Exemple : une semaine de séjour tout compris, départ les 5 et 12 janvier à Zinal en Suisse.

Club Méditerranée : 90, Champs-Elysées - 106, rue de Rennes - Place de la Bourse, 75088 Cedex 02.
Téléphones en province : Nord 20.55.35.45 - Est 80.39.77.32 - Ouest 40.35.56.56 - Sud-Est 90.66.50.50 -
Sud-Ouest 56.81.28.30 - Bruxelles (02) 516.11.11 - Suisse (22) 28.11.44

Les agences en province : Havas Voyages - Agence Touristique de l'Ouest - American Express -
Dernières Nouvelles d'Alsace - Est Voyages - l'Indépendant Voyages - Républicain Lorrain - Sud-Ouest
Voyages - Voyage Conseil - Voyage Dépêche

Monsieur Vernier   Madame Vernier

Marianne   Les petits

Monsieur et madame Vernier viennent de lire cette annonce publicitaire et ils ont envie d'aller passer leurs vacances au Club Méditerranée.

● **Quelles activités peuvent convenir à chaque membre de la famille?**

le père: _____

la mère: _____

Marianne: _____

les petits: _____

toute la famille: _____

Vous pouvez imaginer d'autres activités pour remplir les blancs de l'annonce publicitaire.

Monsieur et madame Vernier discutent de ce projet.

Monsieur Vernier: «Tu sais, au Club, on va...».

● **Reprenez toutes les activités que vous avez classées selon le modèle proposé.**

père	mère	Marianne	toute la famille	les petits
ME	**TE**	**LUI**	**NOUS**	**LEUR**
on va m'apprendre à skier		*on va lui apprendre à skier*		*on va leur apprendre à skier*

● **Ecoutez et imitez.**

J'ai rencontré un ami d'enfance. On a dîné hier soir ensemble et on a discuté pendant toute la soirée.
Et moi qui croyais qu'on n'avait plus rien à se dire!

Embarquez-vous à bord du Jason pour une croisière de rêve.

Faites Paris-Dakar en voiture.

Voyagez en train en payant moins cher.

Si vous voyagez en avion, vous pouvez bénéficier de nombreux tarifs réduits.

Avant de monter dans le train ou dans l'avion, vérifiez que vous avez bien votre billet.

Pour vous rendre en Angleterre, prenez le bateau.

Pas une goutte de vin avant de monter dans votre voiture!

Partez en train, en avion, en voiture ou à pied, mais PARTEZ.

Ne prenez pas votre voiture pour aller travailler, prenez le métro.

Dans ce train, la voiture restaurant se trouve en tête.

Avant de descendre du train ou de l'avion, vérifiez que vous n'avez rien oublié.

Vous pouvez faire Paris-Londres en autocar.

Prenez le train pour la destination de votre choix.
Prenez l'avion pour la destination de vos rêves.

Louez un vélo à la descente du train et visitez la France à bicyclette.

Sur nos voiliers, vivez l'aventure.

Dans l'avion, nos hôtesses seront à votre service.

Recopiez ces phrases dans la colonne qui convient. Observez attentivement l'emploi des prépositions.

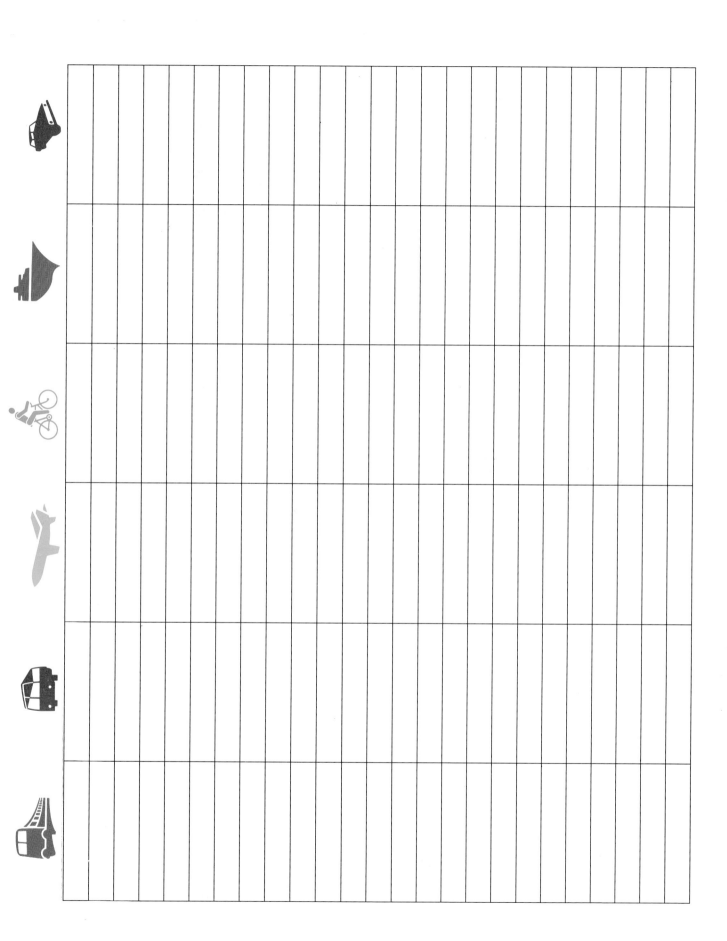

1. Mettez de l'ordre.

Remettez ce texte en ordre. Numérotez les paragraphes.

MEXIQUE
Spectaculaire accident d'avion dans le centre de la capitale

L'avion a heurté de plein fouet un immeuble et s'est aussitôt brisé en deux, l'une des parties allant s'encastrer dans une automobile, tandis que la queue de l'appareil restait intacte. Quelques minutes après l'arrivée des pompiers, la rue retrouvait son aspect normal et seuls les débris de l'appareil témoignaient de cet accident aux conséquences miraculeusement légères. Un petit avion de tourisme s'est écrasé, le jeudi 31 juillet, en début d'après-midi dans le centre de la capitale mexicaine.

Des gerbes d'étincelles ont jailli des câbles des tramways et les vitrines des magasins voisins ont volé en éclats, provoquant un mouvement de panique parmi de nombreux passants. C'est à 13h30 (locales) que le Cessna de couleur blanche tente un atterrissage de fortune sur Lazro Cadenas, l'une des artères principales de Mexico, à quelques centaines de mètres de la tour Latino-Américaine, à la suite d'une avarie de moteur.

L'une des hélices du Cessna a crevé le pare-brise d'une automobile mais son conducteur a réussi à sortir sain et sauf de son véhicule.

(D'après *Le Monde*, 2/8/86)

2. Cherchez le verbe.

Retrouvez les verbes au passé composé et à l'imparfait. Pouvez-vous justifier leur emploi?

3. La fabrique d'exercices.

Regardez les dessins de Konk reproduits à la page 148.

1. Complétez le tableau suivant pour les 5 premiers dessins.

QUI	est mécontent de QUI, de QUOI, POURQUOI?
1. *Celui qui dort*	*est furieux contre son voisin qui joue de la musique très fort alors qu'il est tard.*
2.	
3.	
4.	
5.	

2. Que pourraient dire ces personnages? Faites parler celui qui est mécontent. Ecrivez dans les bulles.

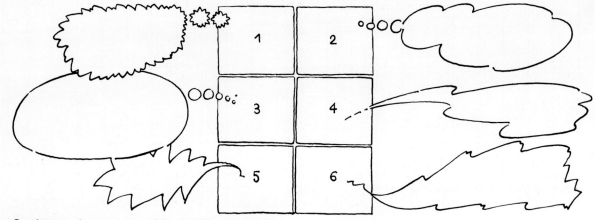

3. Quel sens donnez-vous à la dernière image?
4. Et vous, de quoi êtes-vous mécontent? Imaginez un dessin supplémentaire à placer avant le dernier. Dessinez-le ou réalisez-le par collage. Affichez les productions dans la classe.

LES SONS [f] ET [v]

Ces deux sons sont très proches, pourtant un changement de son entraîne un changement de sens.

Exemple: [f] **font** = 3ᵉ personne, pluriel, du présent de l'indicatif du verbe «faire».

[v] **vont** = 3ᵉ personne, pluriel, du présent de l'indicatif du verbe «aller».

N.B.: Le passage du son [f] au son [v] indique souvent le passage au féminin.
Exemple: neuf [nœf] M ⟶ neuve [nœv] F

POUR FAIRE LE POINT

- **Ecoutez et mettez une croix dans la bonne case.**
- **Ecrivez ensuite les mots que vous avez entendus.**

- **Ecoutez et mettez une croix dans la bonne case.**
- **Ecrivez ensuite les mots que vous avez entendus.**

	[f]	[v]
1		
2		
3		
4		
5		
6		
7		
8		

	[v]	≠ [v]
1		
2		
3		
4		
5		
6		
7		
8		

- **Ecoutez, puis jouez ce dialogue avec un camarade.**

– Bonjour, Monsieur. Je voudrais une petite boite de pastilles contre la toux.
– Des pastilles contre les poux? Mais...ça n'existe pas!
– Non, non, des pastilles contre la toux! Vous devez avoir ça?
– Bien sûr, excusez-moi. Je n'avais pas bien compris.

POUR BIEN PRONONCER LES SONS [f] ET [v]

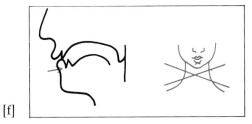

[f]

[v]

Appuyer nettement la lèvre inférieure contre les incisives supérieures.
Faire passer l'air entre les lèvres et les dents.
Les cordes vocales ne vibrent pas.

La bouche légèrement ouverte, appuyer nettement la lèvre inférieure contre les incisives supérieures, comme quand vous prononcez le son [f].
Les cordes vocales vibrent.

ATTENTION! Pour bien prononcer ces deux sons, il faut appuyer très nettement la lèvre inférieure contre les dents supérieures.

UNITE 11

Vous allez bientôt vous rendre à Paris. Vous irez voir la cité des Sciences de la Villette.
● Dites à vos camarades ce que vous irez voir. (Consultez le programme.)

OBSERVEZ ET COMPAREZ

Personne ne peut m'indiquer la sortie.

Je n'ai aucune envie d'aller voir l'Inventorium.

Rien ne m'intéresse là-dedans.

Toutes ces phrases sont négatives.
Nous avons souligné les deux parties de la négation, ne les oubliez pas, à l'écrit surtout.
Consultez le précis grammatical.

▷ 3

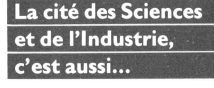

La cité des Sciences et de l'Industrie, c'est aussi...

Les expositions temporaires

Des sujets variés montrés sous leurs aspects scientifiques, techniques, industriels mais aussi économiques, sociaux, artistiques et culturels.
En mars 1986, dans l'espace Claude Bernard : "L'or".
En juin, dans l'espace Diderot : "L'encyclopédie vivante".
En septembre, dans l'espace Marie Curie : "Les années Plastique".
Horaires et programmes aux points d'information.

La médiathèque

Un centre de consultation de documents imprimés, audiovisuels et informatiques sur les sciences, les techniques et les industries. Entrée et consultation gratuite.
Prêt de documents imprimés aux titulaires d'une carte d'emprunteur payante.

L'inventorium

Des expositions interactives pour 3-12 ans. Les enfants doivent être accompagnés. Réservation pour les groupes.

Le Planétarium

Des spectacles multimédia de 45 mn. L'espace en direct sous un dôme écran. Horaires et tarifs aux points d'information et dans le programme. Ouverture avril 1986.

Pour les professionnels

Le centre international de conférences, la médiathèque spécialisée, le centre de recherche, la maison des régions, les ateliers, les clubs scientifiques, les classes Villette, le centre de formation...

Des boutiques une librairie

Avec vente de livres, jeux, jouets et souvenirs.

L'espace entreprise

Des expositions et des manifestations réalisées par des entreprises. En mars 86 : "Les 3 D", en septembre : "La Planète alimentaire".

La salle sciences-actualités

Un magazine multimédia. L'actualité des sciences et de l'industrie en direct. Ouverture juin 1986.

Le Ciné-Club

Salle Louis Lumière, un programme ininterrompu de films à caractère scientifique, technique et industriel. Ouverture avril 1986.
Renseignements : 42.41.79.40.

La maison de l'industrie

Des informations et des documentations sur l'entreprise, l'industrie et les métiers.

La maison des régions

Des informations et des documentations sur les régions.

La Géode

Une salle de cinéma avec écran hémisphérique et système de projection omnimax.
Renseignements : 42.45.66.00.

Et SEVIL

Le serveur télématique de la Villette, accessible 24 h sur 24 de toute la France, à partir d'un minitel : programme des activités de la cité ; dossiers et jeux à caractère didactique ; messageries personnelles et débats en ligne avec des spécialistes ; consultation immédiate des dépêches d'actualité scientifique et industrielle - n° 36.15.91.77, mots clés SEVI, SEV.

(*Explora*, catalogue de La Villette)

LE MONDE A L'ENVERS

Vous ne voulez pas vous rendre à Paris. Vous n'avez aucune envie de visiter la cité des Sciences de la Villette. D'ailleurs personne n'y va.

● **Dites à vos camarades tout ce que vous ne voulez pas voir ou faire.**
(Utilisez les formes négatives proposées dans l'encadré et toutes celles que vous connaissez).

L'AVENIR C'EST QUOI POUR VOUS?

 Des milliers d'adolescents français ont répondu à un questionnaire publié par un journal pour les jeunes. Ces réponses, vous allez les entendre. Ecoutez bien ce qu'ils ont répondu à la première question.

QUAND VOUS RÊVEZ DE L'AVENIR, DE QUELLE COULEUR EST-IL?

● **Ecoutez et notez les couleurs choisies.**

COULEUR	RAISONS DE CE CHOIX

● **Ecoutez encore et inscrivez les raisons que donnent les jeunes qui parlent. Vous pouvez utiliser plusieurs constructions.**

L'avenir est ROSE, parce que tout sera...
à cause de...

PROPULSEZ-VOUS DANS L'AVENIR

● **Choisissez trois produits dans la liste; inventez-leur un nom, puis écrivez pour chacun un slogan qui contiendra le mot *avenir*, comme dans la publicité de la cité de La Villette.**

PRODUIT	NOM	SLOGAN
lessive		
voiture		
shampooing		
ordinateur		
parfum		
biscuit		
couches pour bébé		
produit de beauté		
boisson		
jeans		
machine à laver		

QUAND VOUS SONGEZ À L'AVENIR, QUE RESSENTEZ-VOUS EN PREMIER LIEU?

● **Ecoutez et notez les explications que vous entendez.**

Je ressens de...	parce que... à cause de...
l'admiration	
l'enthousiasme	
l'inquiétude	
l'impatience	
la peur	

QUELLES SONT LES MEILLEURES FAÇONS DE PRÉPARER L'AVENIR?

● **Cette fois, c'est vous qui répondez. Donnez trois exemples.**

1. ....
2. ....
3. ....

Mettez en commun ce que chacun a noté en séparant les filles des garçons.

Les trois meilleures façons de préparer l'avenir	
pour les filles	pour les garçons
1. _____	_____
2. _____	_____
3. _____	_____

Demandez maintenant à votre professeur ce qu'ont répondu les jeunes Français. Sont-ils du même avis que vous?

Pour comparer vos réponses et celles des Français:

ce qui est différent	*ce qui est semblable*
par contre...	comme eux, nous pensons...
contrairement à eux...	nous aussi, nous pensons...
nous au contraire...	nous non plus, nous ne pensons pas...

(*L'avenir c'est quoi pour vous?*, suppl.
au n° 319 d'*Okapi*, Bayard Presse)

Comment décrire un objet ou une personne

Vous avez oublié le nom d'un objet ou d'une personne. Comment vous faire comprendre malgré tout?

Il existe en français des mots passe-partout.

OBJET	PERSONNE
c'est un machin...	c'est une personne
c'est un truc...	c'est un homme, une femme...
c'est une chose...	c'est un garçon, une fille...
c'est un objet...	c'est un monsieur, une dame... (*soutenu*)
	c'est un type, une bonne femme... (*familier*)
	c'est un mec, une nana... (*argot*)

OBJET	PERSONNE

Si vous voulez être plus précis.

c'est un instrument...
c'est un outil...
c'est un appareil...
c'est un engin...

Pour être plus précis, il faut aussi décrire l'objet ou la personne.

c'est un truc qui ressemble à...	c'est une personne qui travaille...
c'est une sorte de...	c'est le mari de...

Pour être encore plus précis, donnez les caractéristiques de l'objet ou de la personne.

couleur, forme, taille, poids, aspect, matière, fonction...	traits physiques, caractère, profession, détails supplémentaires (voisin, ami, frère...)

● **Lisez les conseils que l'on vous donne dans la bouée. Vous allez vous en servir pour compléter le tableau ci-dessous.**
Quand l'objet est dessiné, vous devez écrire les caractéristiques qui manquent.
Quand on vous donne seulement les caractéristiques, c'est à vous de dessiner l'objet.

OBJET	FORME	COULEUR	TAILLE	ASPECT	MATIÈRE	FONCTION
				doux et moëlleux		
	allongée, avec un manche	grise	environ 20 cm	lisse dur	métal et bois ou plastique	visser
	cylindrique	verte	environ 5 cm	lisse	plastique et métal	allumer des cigarettes

● **Choisissez un des objets de la grille et présentez-le oralement.**

> «C'est un truc rouge, rond, gros comme ça... dont on se sert pour jouer sur la plage, dans une cour, et qui peut même casser les vitres!»
> «C'est un objet rouge, rond, gros comme ça... qui peut se manger.»
> «C'est un truc rouge, rond... qui sert à...»

● **Choisissez maintenant un autre objet ou une personne. Décrivez-le oralement sans donner son nom. Vos camarades doivent le deviner.**

● **Regardez ces objets. Décrivez-les et dites à quoi ils servent.**

● **Imaginez un autre objet «introuvable» et dessinez-le. Dites à quoi il sert et trouvez-lui un nom.**

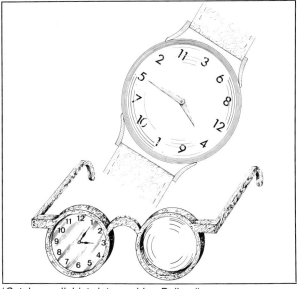

(*Catalogue d'objets introuvables*, Balland)

A vous de fabriquer un sondage ou une enquête.

L'AVENIR EN FACE

● **Sur le modèle qui est proposé, en travaillant par groupes de deux, fabriquez trois autres phrases. Oralement mettez en commun toutes les idées que vous avez trouvées.**

Pour toi, réussir dans la vie, c'est...
> *commander les autres...*
> *aider les autres...*

_____

_____

Dans une dizaine d'années, quand tu auras à peu près 20 ans, la vie sera...
> *mieux que maintenant* _____

_____

_____

Parmi ces mauvaises choses, quelles sont celles qui, à ton avis, arriveront quand tu auras à peu près 20 ans?
> *Il y aura beaucoup de maladies* _____

_____

_____

Et parmi ces bonnes choses?
> *On vivra beaucoup plus longtemps* _____

_____

_____

● **Comparez ce que vous avez écrit avec ce qui suit.**

Réussir dans la vie, c'est... faire ce dont on a envie.
                                             savoir se servir d'un ordinateur.
                                             gagner beaucoup d'argent.
                                             avoir un métier intéressant.
                                             travailler dans les métiers d'avenir.
                                             être sûr(e) de ne jamais être au chômage.

Dans une dizaine d'années, la vie sera...
                              meilleure que maintenant.
                              pareille que maintenant.
                              moins bien que maintenant.

Parmi ces mauvaises choses, quelles sont celles qui arriveront quand tu auras à peu près 20 ans?

                              Il n'y aura presque plus à manger.
                              Il y aura la guerre.
                              Il fera beaucoup plus froid.
                              Il n'y aura presque plus d'animaux.
                              Il n'y aura pas de travail.
                              Il y aura beaucoup de maladies.

Et parmi ces bonnes choses...
                              Il y aura du travail pour tout le monde.
                              Il n'y aura plus d'enfants qui auront faim.
                              Il y aura des robots partout.
                              On travaillera moins.
                              On vivra beaucoup plus longtemps.
                              Tous les pays vivront en paix.
                              L'ordinateur aura changé la vie.
                              Tu pourras voyager dans l'espace.

● **Vous répondez chacun individuellement en soulignant la réponse qui vous convient le mieux.**

● **Les Français et nous**

Demandez à votre professeur de vous dire comment les jeunes Français ont répondu. Comparez leurs réponses avec les vôtres.
    – Qu'est-ce qui est différent?
    – Qu'est-ce qui est semblable?

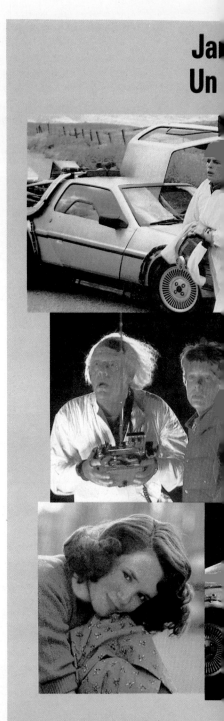

Comment présenter les résultats d'une enquête?

Tout le monde pense que...
La plupart des gens pensent que...

Quelques-uns...
Personne ne croit que...

à temps à l'école... Jamais à temps à la maison...
.il se retrouve complètement hors du temps.

RETOUR VERS LE FUTUR

Marty McFly ne peut pas vivre sans ses clips, son rock, son Coca, son skate-board et ses baskets. Un jour, grâce à une machine à remonter le temps inventée par un savant excentrique, il se retrouve soudain propulsé en 1955.

Là, non seulement Marty découvre un monde sans rock ni vidéo, mais aussi il rencontre les deux jeunes gens qui, un jour, vont devenir ses parents.
Et avant que la situation ne devienne pour lui inextricable, il va falloir que Marty trouve, à tout prix, un moyen de "retourner vers le futur".
"RETOUR VERS LE FUTUR" est une aventure fantastique, pleine d'imagination et d'humour, produite par Steven Spielberg et réalisée par Robert Zemeckis (réalisateur de "A la poursuite du diamant vert").
Michael J. Fox, jeune comédien très connu des téléspectateurs américains, tient le rôle de Marty, le garçon qui vit cette extraordinaire aventure à travers le temps.
La musique est composée de chansons des années 50 et 80, ainsi que de deux nouveaux tubes interprétés par Huey Lewis "The Power of Love" et "Back in Time".

- Imaginez que, comme Marty, vous avez voyagé dans le temps, vous vous retrouvez en 1880. Vous annoncez aux gens de cette époque ce qui va se passer.

  «En 19..., les gens pourront se parler à distance grâce à un objet qui s'appellera "téléphone", les ménagères...»

- Vous rédigez la liste de tout ce que vous voulez leur annoncer. N'oubliez pas d'employer le futur.

Ecoutez et imitez.

Mais puisque je vous dis que je viens d'une autre époque!

Bien sûr on pourra se parler à distance...

Croyez-moi, l'homme marchera sur la lune.

1. Posez les bonnes questions.

Choisissez un objet dont vous vous servez tous les jours à la maison, dans votre travail, etc.
Décrivez-le le plus précisément possible sans écrire son nom.

2. La fabrique d'exercices.

Affichez toutes vos définitions en classe. Chacun doit essayer de deviner de quels objets il s'agit.
Celui qui en a trouvé le plus grand nombre a gagné!

3. Traitez les informations.

Avec les informations que vous donnent les documents qui suivent, rédigez un paragraphe pour présenter
l'attitude des 15-24 ans par rapport au travail.

Huit millions de 15-24 ans : ils vont diriger le pays, ils seront le pays dès le second millénaire qui commence demain.

Ces jeunes, on les connaît mal, on les craint, on les aime, on les plaint. Ils sont trop violents, trop dociles, trop arrogants, trop veules, trop rêveurs, trop conformistes, trop ceci, trop cela.

Eux et le travail

Quels sont les secteurs professionnels que vous préférez?

1. Le commerce et l'artisanat	14%
2. Les médias et la publicité	13%
3. La mode	10%
4. Une activité artistique	10%
5. L'informatique	9%
6. La santé	7%
7. La recherche scientifique	7%
8. L'espace	6%
9. Une administration	6%
10. L'aide sociale	6%
11. L'enseignement	5%
12. L'armée	4%
13. L'industrie	4%

Qu'est-ce qui vous attire dans ce secteur?

1. L'intérêt du travail	50%
2. Les contacts humains	35%
3. L'avenir du métier	16%
4. Le salaire	12%
5. La sécurité de l'emploi	10%
6. Aider les autres	10%

Les TUC et eux

Quelles sont les phrases avec lesquelles vous êtes en accord concernant les TUC (travaux d'utilité collective)?

Pour compter des chômeurs en moins .	57%
Occasion d'avoir un peu d'argent	41%
Moyen de subsister pour un jeune lorsqu'il n'a pas d'emploi	31%
Attrape-nigaud car c'est trop peu payé	29%
Gadget pour faire croire aux jeunes qu'on s'occupe d'eux	28%
Un moyen pour trouver de l'emploi	22%

«Commencer sa vie par être chômeuse, ça n'a rien de réjouissant.»

«Si on veut réellement du boulot,[1] on en a !»

«Il faut savoir se débrouiller, si tu ne sais pas te débrouiller, tu n'auras rien.»

«En un mot, il vaut mieux un job[2] intéressant et vivant même s'il est mal payé et précaire qu'un emploi à vie, mais casse-pied[3].»

(D'après *L'Evénement du Jeudi*, 19 au 25 décembre 1985)

1) **boulot** (*familier*) : travail.
2) **job** (*anglicisme*) : travail.
3) **casse-pied** (*familier*) : ennuyeux.

4. A vos dictionnaires!

Voici trois définitions tirées du *Petit Larousse*.

piloter: 1. Conduire un véhicule en tant que pilote.
              2. Servir de guide à quelqu'un dans une ville, une exposition etc.

décor: 1. Ensemble de ce qui sert à décorer.
              2. Cadre d'une action, d'un récit, d'une représentation scénique.

gras-grasse: Qui est formé de graisse ou en contient.

Observez comment ces définitions sont rédigées et essayez de rédiger sur le même modèle des définitions
pour les mots suivants sans vous servir du dictionnaire.

danser, peindre, habiter - livre, table, voiture - heureux, rond, brillant.

Maintenant cherchez-les dans le dictionnaire.

LES SONS [t] ET [d]

> Ces deux sons sont assez proches, mais un changement de son entraîne souvent un changement de sens.
> Exemple: [t] **temps** (n.m.) = durée d'un phénomène.
> [d] **dent** (n.f.) = organe dur qui sert à la mastication.

POUR FAIRE LE POINT

- Ecoutez et mettez une croix dans la bonne case.
- Ecrivez ensuite les mots que vous avez entendus.

- Ecoutez et dites s'il s'agit du même son.
- Ecrivez ensuite les mots que vous avez entendus.

	[t]	[d]
1		
2		
3		
4		
5		
6		
7		
8		

	=	≠
1		
2		
3		
4		
5		
6		
7		
8		

- Ecoutez, puis lisez à voix haute.

1. J'irai chercher Paul à la gare quand il arrivera d'Espagne. Ensuite, je l'accompagnerai au Grand hôtel.
2. Bertrand était le grand ami de François, mais depuis trente ans ils ne se parlent plus.
3. J'adore le grand opéra classique! Quand on connaît les grands chanteurs du passé, on prend un plaisir fou au spectacle.

- Ecoutez puis, pour vous délier la langue, lisez à voix haute.

Dis-moi, tonton, ton thé t'a-t-il ôté ta toux?

- Ecoutez puis lisez à voix haute.

Tortue tordue dors-tu?
Dors-tu tortue tordue?

(Comptines des animaux, imaginées et choisies par André Pozner, Nathan)

POUR BIEN PRONONCER LES SONS [t] ET [d]

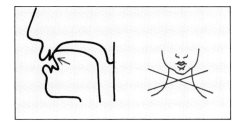

[t]

La bouche légèrement ouverte, appuyer légèrement la langue contre les incisives supérieures.
Les cordes vocales ne vibrent pas.

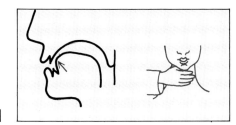

[d]

La bouche légèrement ouverte, appuyer légèrement la langue contre les incisives supérieures comme quand vous prononcez le son [t].
Les cordes vocales vibrent.

La lettre «d» en liaison se transforme toujours dans le son [t].

Le port de Portofino.

UNITE 12

- **Ecoutez.**

- **Retrouvez sur la carte les escales de la course.**
- **Dessinez ensuite l'itinéraire en reliant les escales par une flèche.**

Ecoutez encore une fois.

- **Donnez l'ordre d'arrivée des différents concurrents.**

Liste des concurrents

Ordre d'arrivée	Nom du bateau	Concurrent	Pays
	AMERICAN KISS	David CAMPBELL	U.S.A.
	ATLANTIQUE SUD	Florence REBOUL	FRANCE
	L'AVENTURE	Jean-Marc LECLERC	FRANCE
	AURORA	Paolo CONTINI	ITALIE
	LA BELLE PROVINCE	Marion DUPUIS	QUEBEC
	BLITZ	Ursula RILKE	ALLEMAGNE
	BONJOUR TENDRESSE	Bertrand VERRIER	FRANCE
	CÔTE D'AZUR	Claude BOURGUIGNON	FRANCE
	COW-BOY	Jane MILLER	U.S.A.
	FANDANGO	Felipe GONZALES	ESPAGNE
	LE GOÉLAND	Hervé MORNAY	FRANCE
	MARIPOSA	Paco RODRIGUEZ	ESPAGNE
	MIMOSA	Silvia BIANCHINI	ITALIE
	NOSTRADAMUS	Hans STREIT	SUISSE
	PORTOBELLO	James COOK	GRANDE-BRETAGNE
	RIVIÈRE JAUNE	Françoise DEROCHE	FRANCE
	ROCKER	Mike BENNET	GRANDE-BRETAGNE
	ROSE DES VENTS	Yannick LE BIHAN	FRANCE
	SERENITÀ II	Marco RIGHETTI	ITALIE
	TROPIQUE DU CANCER	Thierry HARGOT	FRANCE

Portofino
est la station la plus sélect de la Riviera du Levant. Pour se baigner, il faut avoir une embarcation car ce petit paradis est sans plage. Les falaises qui bordent le rivage plongent directement dans la mer de part et d'autre de la crique étroite où les yachts viennent jeter l'ancre. Avant le débarquement du grand monde, dans les années 50, Portofino n'était qu'un petit village de pêcheurs; aujourd'hui les barques de pêche se balancent aux côtés des luxueux bateaux de plaisance. Un jour par an, la population locale reprend l'initiative aux millionaires. Le 23 avril, jour de la Saint-Georges, patron du pays, les reliques du saint, qui reposent dans l'église paroissiale, sont promenées en procession dans les rues du village.

Quiconque a séjourné dans les parages confirmera qu'il ne faut à aucun prix rater les excursions que l'on peut y faire. La tradition en remonte dans les âges quasi légendaires, même si l'excursion, alors, était imposée par les circonstances. Richard Cœur de Lion, « partant pour la Syrie » comme dans la chanson, séjourna à Portofino; l'escorte de François Ier, lorsque tout fut perdu « fors l'honneur », y fit étape également.

On se rend au phare — et, obligatoirement au crépuscule — en empruntant le petit escalier qui, du port, monte vers San Giorgio. La vue dont, déjà, on jouit d'ici, encourage à poursuivre. Le chemin du phare est à droite de l'église. Chaque pas découvre un enchantement. Du phare, on voit se dérouler la côte jusqu'à La Spezia.

Juste au pied du Mont Portofino, San Fruttuoso s'est inséré. On y va en bateau, de Rapallo, Portofino ou Santa Margherita. Il y a même un sentier pour les marcheurs, à partir de Portofino, mais c'est assez loin : de quatre à cinq heures pour l'aller-et-retour, selon le pas du promeneur. Récompense des courageux : l'alignement des embarcations et l'abbaye construite par les Bénédictins de Monte Cassino (transition romano-gothique, sépulture des Doria dans le cloître). La limpidité de la mer permet, enfin, d'apercevoir, immergée devant le village, une statue du saint.

San Lorenzo possède une attraction plus spécialement réservée aux amateurs de peinture. C'est, dans l'église, un triptyque souvent attribué à Gérard David. De nombreux experts, plus prudents, parlent d'un « maître de Bruges ». Il représente la Résurrection de Lazare, le Martyre de Saint André et les Noces de Cana.

(*Italie*, Guide Fodor)

Voici une page tirée d'un guide touristique. Lisez-la.
● **Utilisez les informations qu'elle vous donne pour rédiger un court texte publicitaire pour un catalogue de séjours de vacances.**
Vous devez «vendre» Portofino, votre texte doit donc être vivant, attirant et simple.

● **Vous devez maintenant «vendre» votre propre ville ou village aux touristes. Composez chacun votre dépliant publicitaire. La classe votera pour choisir le meilleur.**

OBSERVEZ ET COMPAREZ

Tu as passé trois années de ta vie à écrire ce livre, pourtant tu n'en parles jamais. Est-ce que tu n'y penses plus?

(tu ne parles jamais **de** ce livre,
tu ne penses plus **à** ce livre)

Tu as vécu trois années de ta vie avec cet homme, tu ne parles jamais de lui. Est-ce que tu ne penses plus à lui?

24 ▷

■ **"Pourquoi une biographie, fais-en un roman!".** Les chansons de Brel sont dans toutes les mémoires. Elles y resteront longtemps, à tourner comme la valse à mille temps. L'homme, ce grand dégingandé pathétique, on s'en souvient encore. Sa mort a fait la une des journaux. Mais sa vie? Ses 49 ans de vie? On n'en connaissait que des bribes. Grâce à Olivier Todd, on sait désormais presque tout. "Fais-en un roman!" lui dit-on quand il s'attaque à la biographie de Brel. "Un person-nage de fiction aussi démesuré que Brel, on n'y croirait pas", rétorque Todd.

Grand reporter et romancier, Olivier Todd a passé 3 années de sa vie à réunir une moisson stupéfiante d'anecdotes et de confidences sur la vie de Jacques Brel.

● **Relevez toutes les phrases qui contiennent *en* ou *y*:**

_____
_____
_____
_____

● **Récrivez les phrases complètes en remplaçant *y* et *en* par les mots qui conviennent et que vous trouverez dans le texte.**

_____
_____
_____
_____

● **Remplacez le groupe souligné par *y* ou *en*.**
1. Elle vient juste de sortir de la salle de bains.
2. Tourne à gauche, tu verras une rue assez large, tu trouveras le supermarché à cet endroit.
3. Pensez bien à tout ce que vous devez apprendre.
4. Toutes les semaines, mes copains jouent au football.
5. Alexandre parle toujours de ses succès.
6. Je ne changerai pas d'avis, nous avons déjà discuté de ce sujet.
7. Je connais quelqu'un qui joue de la flûte merveilleusement bien.
8. Tu es déjà allé à Portofino? Moi, je vais à Portofino dans quelques jours.

● **Remplacez le groupe souligné par *y*, *en* ou *lui*.**
1. En relisant ses lettres, j'ai pensé à mon frère.
2. Tu n'auras pas besoin d'amener de l'argent.
3. Ce film a beaucoup plu à ma mère.
4. Je n'ai aucune nouvelle de Patrick.
5. Ne touche pas à cet objet! Il est fragile.

● **Par quel groupe pouvez-vous remplacer *y* ou *en*? Imaginez la phrase de départ.**
1. Tu y crois?
2. Elle en a parlé hier.
3. J'y ai vu un tableau merveilleux, du XVIème siècle, je crois.
4. J'y ai beaucoup réfléchi, je refuse.
5. J'en prendrai un, s'il vous plaît.

Maryvonne Le Bihan et Laurence Hargot sont venues assister à l'arrivée de la course.

- **Ecoutez.**

- **Pourquoi Maryvonne et Laurence sont-elles sorties ensemble dans Portofino?**

- **Relevez les expressions que Maryvonne emploie pour dire qu'elle ne comprend pas.**

_____

_____

_____

- **Ecoutez et imitez...**

– Tu as fini? On y va?
– D'accord. Allons-y.

- **Voici une autre situation.**

Vous êtes en France, dans une ville que vous connaissez mal.
Vous avez perdu votre appareil photo.
Vous vous rendez au commissariat de police.

Le policier doit:

 Le touriste doit:

– dire que c'est bien le bureau où on fait les déclarations de perte;

 – demander s'il s'agit du service qu'il cherche;

– demander le nom et l'adresse du touriste;

 – dire pourquoi il est venu;

– demander de décrire l'appareil;

 – donner son adresse et son identité;

– demander où le touriste a perdu son appareil;

 – décrire son appareil;

– demander la valeur approximative de l'appareil.

 – dire où il a pu perdre son appareil;

 – dire la valeur approximative de celui-ci.

«QUELLE EST LA PREMIÈRE CHOSE QUE VOUS ALLEZ FAIRE MAINTENANT QUE VOUS ÊTES À TERRE?»

Nous avons interviewé pour vous sept concurrents à l'arrivée de la course. Voici ce qu'ils nous ont déclaré.

Je vais prendre une chambre d'hôtel avec un lit double, moelleux, confortable et je dormirai pendant deux jours.

D'abord un vrai repas, avec du pain frais, de la viande, du vin et une glace à l'ananas...

Moi, je vais tout de suite téléphoner à ma mère. Elle se fait tellement de souci quand je suis sur mon bateau.

Rien d'extraordinaire... je reprends le travail tout de suite.

Ma famille m'a tellement manqué; j'irai tout de suite la retrouver.

Bouger, courir... je vais faire au moins 10 kilomètres à pied, et ce soir j'irai danser.

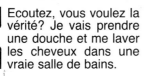

Ecoutez, vous voulez la vérité? Je vais prendre une douche et me laver les cheveux dans une vraie salle de bains.

Chaque participant va recevoir un cadeau amusant.

● **Quel cadeau allez-vous attribuer à chacun des sept participants interviewés? Dites pourquoi.**

«Silvia Bianchini va recevoir _____ *parce qu'elle* _____ . »

La course est terminée... faisons la fête...

Vous aussi vous allez organiser une fête de fin d'année en classe. En français bien sûr!...

● **La classe se divise en 4 groupes; chaque groupe se charge de préparer une partie de la fête.**

● **Pour chacune des activités, il faut** – **rédiger une fiche avec la liste du matériel dont vous avez besoin,**
  – discuter à l'intérieur du groupe et préparer un dossier (photos, dessins, recettes, modes d'emploi, paroles de chansons, règles du jeu...).

● **Quand ce travail sera terminé, vous vous réunirez. Chaque groupe présentera alors son projet, vous en discuterez. A la fin il faudra prendre des décisions (date de la fête, animations, matériel...)**

Pour préparer un buffet

Pour les jeux de société

Pour décorer la salle

Pour l'animation musicale

Amusez-vous bien!...

1. Posez les bonnes questions.

**Quelles questions un touriste pourrait-il poser sur Portofino?
Aidez-vous de l'extrait du guide reproduit page 172.**

2. La fabrique d'exercices.

**Voici la présentation de quelques romans. Lequel avez-vous envie de lire?
Expliquez pourquoi en quelques lignes.**

VIAN, Boris
L'écume des jours, 1947.

Colin aime le jazz, la cuisine, son ami Chick...Puis tout change avec l'amour de Chloé. Mais elle est malade, l'espace rétrécit et le soleil s'en va. La société n'a rien à dire. Mais l'humour a le dernier mot.

LEROUX, Gaston
Le Mystère de la chambre jaune, 1960.

La porte de la chambre fermée à clé «à l'intérieur» ; les volets de l'unique fenêtre fermés eux aussi de l'intérieur, pas d'accès possible : qui a donc tenté de tuer Mlle Stangerson et surtout par où l'assassin a-t-il pu fuir de la chambre jaune? C'est la question que doit résoudre Rouletabille, jeune reporter rusé, dans ce classique du roman criminel fertile en aventures et en rebondissements.

(*Que lire de la maternelle à l'université?* Livre de poche 1987)

MALRAUX, André
La Voie Royale, 1930.

Un jeune archéologue se rend au Siam, à la recherche des ruines de temples disparus. Il y rencontre Perken, aventurier allemand acharné à défendre son coin de jungle en un combat tragique et inutile.

DORMANN, Geneviève
Le Roman de Sophie Trébuchet, 1982.

Elle avait vingt ans sous la Terreur, à Nantes. C'était une jeune fille aux idées avancées, qui n'aimait pas les prêtres. Elle avait trois fils dont le dernier s'appela Victor Hugo. Sa vie fut passablement agitée et ce n'était pas très bien vu au XIXè siècle. Tout n'est pas permis quand on est la mère d'une gloire nationale.

PINGUILLY, Yves
L'Amour baobab, 1987.

Jean-Marie et Natalia, «condamnés» à huit jours d'exclusion de leur collège, filent en stop jusqu'à l'île de Ré. Ils y «squattent» la rose de Savannah, «un de ces bateaux à jouer de la harpe avec les méridiens». Ils vont s'aimer là, à l'ombre d'un baobab «robuste comme l'été», – une carte postale, au dos de laquelle est rédigé un message d'amour.

Choisissez maintenant un roman que vous avez lu dans votre langue maternelle. Vous devez le présenter à un(e) ami(e) français(e). Rédigez quelques lignes sur le modèle de ces présentations.

3. Complétez.

Ce dernier point surtout – la durée du parcours en voiture – me tracassait, sans raison précise. Peut-être Jean était-il autorisé à me le[1] dire? A tout hasard, je le[2] lui[3] ai demandé. Mais il m'a répondu qu'il n'en[4] savait rien lui-même, ce qui m'a paru encore plus étrange (dans la mesure, du moins, où je l'ai cru).
Le chauffeur, qui entendait tout ce que nous disions, est alors intervenu pour me rassurer:
«Ne vous en faites pas. On va y être bientôt.»
Mais j'ai perçu au contraire dans ces deux phrases, je ne sais pourquoi, une vague menace. De toute manière, ça ne voulait pas dire grand-chose. J'ai écouté les bruits de la rue, autour de nous, mais ils ne fournissaient aucun indice sur les quartiers que nous traversions. Peut-être la circulation y était-elle cependant moins animée.

Ensuite Jean m'a offert des bonbons à la menthe. Je lui[5] ai répondu que j'en[6] voulais bien un. Mais c'était plutôt par politesse. Alors il m'a touché le bras gauche en disant: «Tenez. Donnez-moi votre main.»
Je la[7] lui[8] ai tendue, paume ouverte. Il y[9] a déposé une pastille à moitié fondue, un peu collante, comme en[10] ont tous les enfants dans leurs poches. Je n'en[11] avais vraiment plus aucune envie, mais je n'osais pas l'avouer au donateur, une fois la pastille acceptée, il devenait impossible de la[12] lui[13] rendre.

(Alain ROBBE-GRILLET, *DJINN*, Ed. de Minuit)

**Quels mots ou quels groupes de mots les pronoms soulignés remplacent-ils?
Indiquez-les à côté du chiffre correspondant.**

1. _____ 2. _____ 3. _____ 4. _____
5. _____ 6. _____ 7. _____ 8. _____
9. _____ 10. _____ 11. _____ 12. _____ 13. _____

LES SONS [w], [j] ET [ɥ]

Les sons [w], [j] et [ɥ], qu'on appelle *semi-voyelles*, sont en réalité l'allongement des sons [u], [i] et [y], lorsqu'ils se trouvent à l'intérieur d'un mot ou de la chaîne sonore.

Exemple: loup   lit   lu
             [lu]   [li]   [ly]

             Louis   lien   lui
             [lwi]   [ljɛ̃]   [lɥi]

ATTENTION! Le son [j] correspond aussi à l'écrit au groupe «il / ille».

Exemple: œil   fille   brouille   rail
             [œj]   [fij]   [bruj]   [raj]

Le son [w] n'est pas seulement l'allongement du son [u], mais aussi l'un des deux sons qui correspondent à l'oral au groupe écrit «oi».

ATTENTION! Ce phonème est plus difficile à articuler quand il est précédé du son [v]. On a souvent tendance à effacer le son [v]. Une petite combine pour bien articuler la séquence [vwa]: faites vibrer légèrement vos lèvres.

POUR FAIRE LE POINT

- **Ecoutez et mettez une croix dans la bonne case.**
- **Ecrivez ensuite les mots que vous avez entendus.**

- **Ecoutez puis, pour vous délier la langue, lisez à voix haute.**

  – C'est Louis qui m'a dit que, lui, il s'est enfui en Birmanie il y a dix-huit ans pour sortir d'un puits un trésor enfoui.
  – Voilà que le voilier de Violaine est arrivé au port toutes voiles au vent après un long voyage.

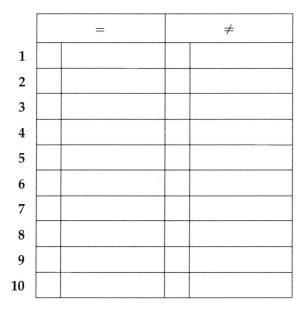

	=	≠
1		
2		
3		
4		
5		
6		
7		
8		
9		
10		

Travaillez en équipe en vous servant du Précis Grammatical. Vous avez 10 minutes pour compléter la grille suivante.

INFINITIF	PERSONNE	FUTUR
photographier	1	
admettre	5	
envoyer	2	
devenir	4	
courir	3	
s'ennuyer	6	
louer	5	
traduire	3	
savoir	1	
recevoir	2	

● **Les «bonnes résolutions», vous connaissez vous aussi? En général on les met au futur. Vous allez donc conjuguer et accorder tous les verbes entre parenthèses en les mettant au futur.**

Boîte aux lettres

N'hésitez pas à nous écrire, cette rubrique est la vôtre.

Comme tous les ans, j'ai pris de bonnes résolutions:

Je _____ du sport: piscine, tennis, yoga. Adieu (*faire*)
le chocolat de 11 heures! J'_____ le sucre dans (*abandonner*)
le café, je _____ devant la pâtisserie en courant. (*passer*)
Je _____ dans ma cuisine des photos de man- (*coller*)
nequins en maillot de bain.
Je ne _____ plus sur le téléphone mais je le (*sauter*)
_____ sonner quatre fois avant de décrocher. (*laisser*)
Je _____ enfin à François qu'il est impossible (*dire*)
d'aller au restaurant le vendredi soir parce que je regarde Apostrophes à la télévision. Je ne _____ plus (*lire*)
mon horoscope dans le métro. Je _____ à un (*s'abonner*)
journal anglais, je _____ les infos de 20 heures. (*regarder*)
Je _____ à Pâques en Angleterre et j'_____ (*partir*)(*apprendre*)
_____ à taper à la machine. Je _____ par (*connaître*)
cœur le nom de tous les ministres et je n'_____ (*écrire*)
plus avec un crayon dont j'ai mâché le bout. Je _____ (*rentrer*)
_____ le ventre et les fesses en même temps, je _____ (*jeter*)
_____ ma vieille écharpe et je _____ mes (*cirer*)
chaussures. Je _____ rendez-vous chez le (*prendre*)
dentiste.
Finalement je viens de commencer un gros roman d'a-
mour pour me consoler et j'ai attendu que la rentrée soit
passée pour manger du chocolat et des tartes aux frai-
ses, boire et rire un peu trop, me lever en retard tous les
matins.   Dominique 20 ans.

Pour exprimer la cause et le temps

Vous avez déjà vu plusieurs constructions différentes.

TEMPS	CAUSE	
lorsque **quand** **au moment où**	**parce que** **puisque**	au début d'une proposition subordonnée
pendant, à, vers	**à cause de...**	devant un groupe du nom
en, depuis... **et, puis, alors...**	**car...**	entre deux groupes ou propositions

● **Voici une liste d'affirmations. Pour chacune d'entre elles vous devez proposer une ou plusieurs causes possibles.**
Il faut varier les constructions.

La mer est salée.
Les savants disent que les animaux préhistoriques ont disparu.
Les oiseaux ont des ailes.
Le premier avril, on fait des blagues.
Les volcans explosent.
Il pleut.
On offre des cadeaux à Noël.

● **Voici maintenant la journée d'une famille ordinaire.**
Vous trouverez heure par heure les activités des parents et des enfants.
Racontez brièvement cette journée en utilisant toutes sortes d'expressions de temps.

HEURE	PÈRE	MÈRE	FILLE AÎNÉE
6h	lever, toilette	préparation du petit déjeuner	elle dort encore
7h30	petit déjeuner	petit déjeuner	
8h	départ		lever, toilette
8h30	arrivée au bureau		petit déjeuner
9h		vaisselle, ménage	départ pour le lycée
9h15			début des cours
11h15	pause café	courses préparation du déjeuner	récréation
12h30	déjeuner à la cantine		
12h45		déjeuner	déjeuner à la maison
13h30			départ pour le lycée
15h		gymnastique	
16h			fin des cours
17h		lecture	retour à la maison
18h	fin du travail	télévision	travail à la maison
19h	retour à la maison	préparation du dîner	
20h	dîner devant la télé	dîner devant la télé	dîner devant la télé
21h	film à la télé		fin du travail à la maison
22h	coucher	coucher	lecture au lit

jeu du dauphin

Règles du jeu

1. Vous jouez par équipes de deux.
   Vous lancez les deux dés, vous additionnez les points et vous avancez votre pion du nombre de cases correspondant.

2. Chaque équipe déplace son pion sur son propre jeu et annonce à chaque fois le numéro de la case sur laquelle elle s'arrête.

3. Pour sortir de prison, vous devez faire un numéro double ou attendre que quelqu'un arrive sur la case PRISON.

4. Quand vous vous arrêtez sur une case, lisez ce qui y est écrit et faites exactement ce qu'on vous dit.

5. La première équipe qui arrive à la case 70 a gagné!

Cartes «situation» et «grammaire»

Pour fabriquer les cartes «situation» et «grammaire», recopiez sur des fiches de deux couleurs différentes les indications que vous trouverez à la page 186.

Vocabulaire

– lancer les dés
– avancer de deux cases
– reculer de deux cases
– retourner à la case DÉPART
– aller en prison
– sortir de prison
– passer son tour
– attendre que quelqu'un vous délivre

ELSA MEZZANO

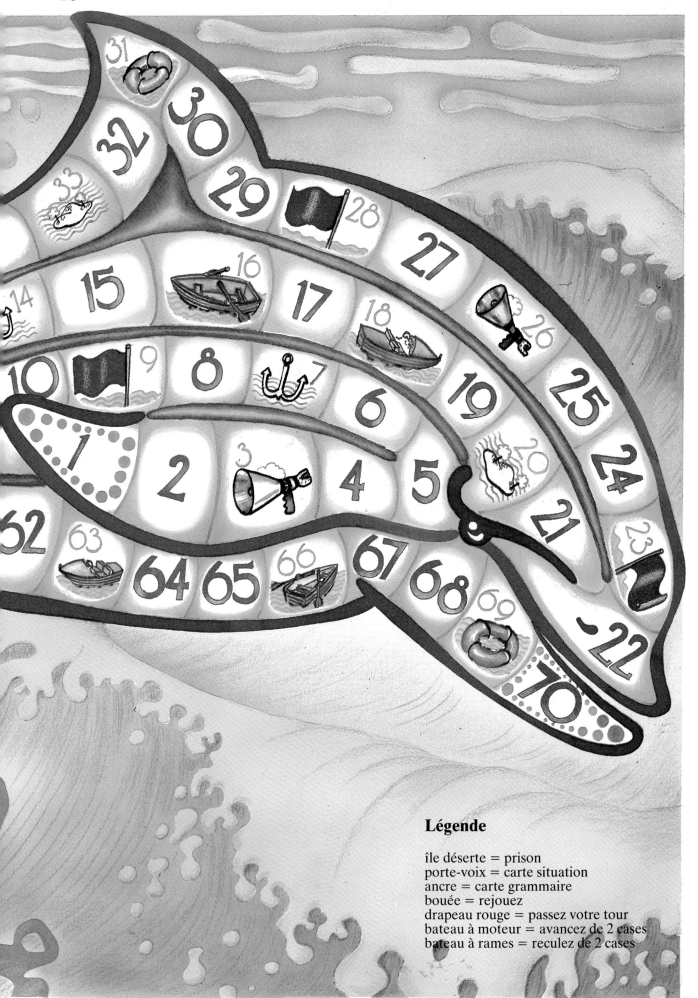

Légende

île déserte = prison
porte-voix = carte situation
ancre = carte grammaire
bouée = rejouez
drapeau rouge = passez votre tour
bateau à moteur = avancez de 2 cases
bateau à rames = reculez de 2 cases

Cartes «Situation»

• • • • • • • • • • • • • •

Vous avez réussi à un examen, vous l'annoncez à un membre de votre famille. Quelle est sa réaction?

• • • • • • • • • • • • • •

Vous rencontrez un ami (une amie) que vous n'aviez pas vu(e) depuis très longtemps. Vous lui demandez de ses nouvelles.

• • • • • • • • • • • • • •

Vous venez d'avoir une très mauvaise note en français. Vous l'annoncez à un membre de votre famille. Quelle est sa réaction?

• • • • • • • • • • • • • •

Un de vos amis veut faire un achat important (précisez de quoi il s'agit). Il vous demande conseil.

• • • • • • • • • • • • • •

Au café, vous demandez quelque chose à boire et quelque chose pour calmer votre faim.

• • • • • • • • • • • • • •

Vous allez acheter quelque chose dans un magasin. Vous demandez le prix, vous achetez, vous payez.

• • • • • • • • • • • • • •

Vous êtes tombé pendant le cours de gymnastique. Vous vous êtes fait mal, vous l'expliquez à votre professeur.

• • • • • • • • • • • • • •

Un de vos amis vous donne son opinion sur une émission de télévision qu'il a vue la veille. Vous n'êtes pas d'accord avec lui et vous le dites.

• • • • • • • • • • • • • •

• • • • • • • • • • • • • •

Un étranger s'est perdu dans votre ville et vous rencontre devant votre lycée. Il cherche la mairie. Vous lui indiquez le chemin.

• • • • • • • • • • • • • •

Dring... le téléphone sonne, c'est pour vous... C'est un de vos camarades de classe qui vous appelle parce qu'il a oublié de noter un devoir pour le lendemain. Vous l'aidez.

• • • • • • • • • • • • • •

Devant la vitrine d'un disquaire, vous admirez les disques. Chacun dit ses préférences.

• • • • • • • • • • • • • •

Vous avez marché sur le pied de quelqu'un dans l'autobus, vous vous excusez.

• • • • • • • • • • • • • •

Ecrivez un télégramme pour annoncer une nouvelle de votre choix.

• • • • • • • • • • • • • •

Vous êtes content? Votre ami(e) vous demande pourquoi.

• • • • • • • • • • • • • •

Vous décrivez un objet. Les autres doivent deviner de quoi il s'agit.

• • • • • • • • • • • • • •

Vous dessinez ce que vous voulez (quelque chose de simple), vous ne le montrez surtout pas à votre camarade. Vous lui donnez des consignes pour qu'il exécute ce dessin au tableau. Vous n'avez pas le droit de faire de gestes.

• • • • • • • • • • • • • •

Cartes «Grammaire»

CONJUGUEZ *SUIVRE* **IMPARFAIT - 6**

• Fabriquez 10 autres fiches sur ce modèle en utilisant des temps et des verbes différents.

FABRIQUEZ **UNE PHRASE** **OÙ VOUS EMPLOIEREZ** *RIEN*

• Fabriquez 7 autres fiches sur ce modèle en utilisant:
personne, qui, que, dont, aucun, parce que, quand.

escale

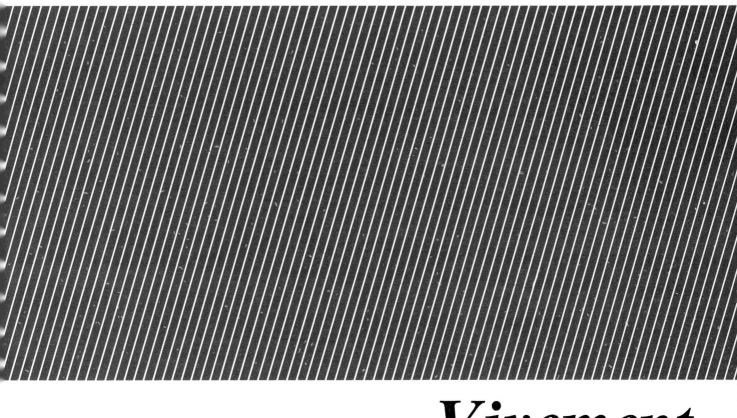

Vivement les vacances!

le farniente

la France insolite

Vivement les vacances!

Ouf... l'école est finie... six jeunes parlent de ce qu'ils vont faire cet été.

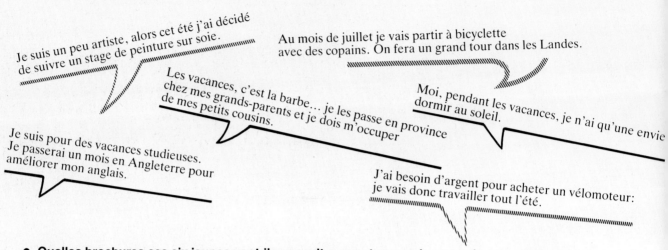

Je suis un peu artiste, alors cet été j'ai décidé de suivre un stage de peinture sur soie.

Au mois de juillet je vais partir à bicyclette avec des copains. On fera un grand tour dans les Landes.

Les vacances, c'est la barbe... je les passe en province chez mes grands-parents et je dois m'occuper de mes petits cousins.

Moi, pendant les vacances, je n'ai qu'une envie dormir au soleil.

Je suis pour des vacances studieuses. Je passerai un mois en Angleterre pour améliorer mon anglais.

J'ai besoin d'argent pour acheter un vélomoteur: je vais donc travailler tout l'été.

● **Quelles brochures ces six jeunes vont-ils consulter pour trouver des renseignements pratiques sur leurs vacances?**

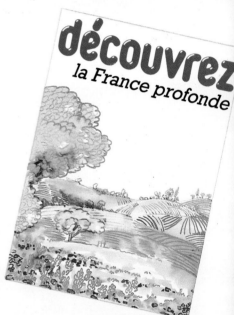

Comment préparer vos vacances?

Chère Véro,

Il faut absolument que je te parle de mes vacances. On a décidé ça hier soir dans le métro avec Ghislaine et Mireille. Tu les connais, elles sont sympas, on s'entend bien et ensemble on a toujours ds idées géniales.

Alors hier soir, dans le métro, on s'est dit qu'on allait partir au Népal. D'abord toutes les copines nous ont dit qu'on était folles ; les visas, l'autorisation des parents, le fric, pas de problème. On fera tout à la dernière minute, inutile de se pointer à l'agence trois mois à l'avance. T'inquiète pas pour nous, on sait se débrouiller.

On t'enverra une carte postale pour te consoler de passer tes vacances dans un trou perdu.
Je t'embrasse
Marie Christine

N 3826 - Un chai de vin de Bordeaux.
Le soutirage du vin.

Vacances tranquilles chez mamie. Le Népal, ce sera pour l'année prochaine.
Bises
Marie Christine

Véronique Laplace
Saignon village
84400   APT

CARTES POSTALES Elcé Bordeaux
92, cours Victor-Hugo - Tél. 91.57.96 - Reproduction interdite

La carte postale de l'amitié
La postal de la amistad
The friendship post card
Die Freundschaftskarte
O postal da amizade
La poŝtkarto de l'amikeco

COULEURS NATURELLES

● **Ne faites pas comme Marie Christine. Quels conseils pouvez-vous donner à un ami qui part à l'étranger?**

Vivement les vacances!

Lisez ces deux articles.

Pour vos vacances, choisissez un «quatre cafetières».

Grâce à une petite équipe dynamique de jeunes créateurs d'entreprise, la France a désormais l'équivalent du célèbre «Bed and Breakfast» d'Angleterre: c'est le «Café-couette». Le principe est simple. Au lieu de descendre dans une anonyme chambre d'hôtel, on est accueilli chez l'habitant pour dormir et prendre le petit déjeuner. «Café-couette» se trouve aujourd'hui à la tête d'une liste de 600 chambres, réparties assez inégalement encore dans l'hexagone. La Provence - Côte d'Azur est très riche ainsi que le Périgord, la Gascogne et le Languedoc-Roussillon. Viennent ensuite l'Ile-de-France, la Normandie et la Bretagne. On trouve en queue l'Est et les Alpes.
Avis aux amateurs!
L'équipe de «Café-couette» a déjà réalisé un premier guide qui est disponible dès maintenant. Il coûte 50 francs et donne le descriptif de chaque maison. Dès le début les responsables se sont vite aperçus que la qualité de la chambre était inégale. Le problème a été résolu en attribuant à chacune d'elles un nombre de cafetières. Il y en a deux pour une bonne chambre. Trois cafetières indiquent que le cadre est vraiment charmant. Si, en plus du charme, on trouve un luxe discret, une piscine par exemple ou un tennis, ou un immense parc, on monte jusqu'à quatre cafetières. Alors, pour vos prochaines vacances, tentez l'expérience, voyagez en «Café-couette».

ADRESSE UTILE
Café-couette, 3 rue de l'Isly,
75 008 PARIS.
Tél. 42-94-92-00

(adapté d'un article de Dominique Desouches, *Marie France*, mars 86)

AU FIL DE L'EAU

Des vacances à 10 km/heure...

Défiler lentement, le temps des vacances, le long des fleuves et des canaux de France, cela est à la portée de tous. Péniche, « house-boat » à l'anglaise, hôtel flottant, les possibilités sont variées et les voies navigables très nombreuses : 8 000 kilomètres de canaux et rivières aménagés.

Le moindre canal navigable est utilisé par la région où il se trouve pour promouvoir « le tourisme fluvial ». Pour profiter des richesses de la France, découverte à 10 km à l'heure (au maximum), du charme des écluses, point n'est besoin d'être un marin aguerri. Conduire ces petits bateaux habitables est à la portée de n'importe qui.

- **Vous avez décidé de passer des vacances insolites; laquelle de ces deux propositions vous attire le plus? Dites pourquoi.**

- **Racontez maintenant vos vacances idéales.**

- **Par groupes de deux, imaginez dix façons différentes de passer des vacances insolites.
  Mettez en commun vos propositions.
  Votez pour désigner la plus insolite.**

AUTO-STOP
Allô Stop
84, passage Brady
75010 PARIS
Tél. 42 46 00 66

AUBERGES DE JEUNESSE
Fédération unie des auberges de jeunesse
6, rue Mesnil
75016 PARIS
Tél. 42 61 84 03

CAMPINGS
Guide officiel du camping-caravaning
Editions Edirégie

FEDERATION DES GITES RURAUX DE FRANCE
35, rue Godot-de-Mauroy
75009 PARIS
Tél. 47 42 25 43

GUIDES EN JEANS
(Hachette)

TEMPS LIBRE
42, rue du faubourg Montmartre
75009 PARIS
Tél. 42 46 22 92

FFCCFED
(associations des usagers du camping)
78, rue de Rivoli
75004 PARIS
Tél. 42 72 84 08

PRECIS
GRAMMATICAL

TYPES ET FORMES DE PHRASES

Types de phrases

Types de phrases 1
    La phrase interrogative 2

Formes de phrases

    La phrase négative 3
    La phrase emphatique 4
    La phrase passive 5
    La phrase impersonnelle 6

LE GROUPE DU NOM

Les déterminants

Les déterminants 7
    Les articles définis 8
    Les articles contractés 9
    Les articles non-définis 10
    Les articles partitifs 11
    Les adjectifs démonstratifs 12
    Les adjectifs possessifs 13
    Les adjectifs indéfinis 14
    Les adjectifs interrogatifs 15

Le nom

    Féminin/masculin 16
    Singulier/pluriel 17
    Les expansions du nom 18
    Les adjectifs qualificatifs: masculin/féminin 19
    Les adjectifs qualificatifs: singulier/pluriel 20
    Les adjectifs qualificatifs: comparatif et superlatif 21
    La proposition relative 22

Les substituts

    Les pronoms personnels 23
    En et **y** 24
    La place des pronoms personnels 25
    Les pronoms démonstratifs 26
    Les pronoms possessifs 27
    Les pronoms indéfinis 28

LE GROUPE DU VERBE

Formes et emploi des temps

	volume 1	volume 2
Le système des temps	29	
Le présent de l'indicatif	30	
Le présent de l'impératif	31	
L'imparfait de l'indicatif	32	
Le participe passé	33	
Le passé composé de l'indicatif	34	
Le futur de l'indicatif	35	
Le passé simple de l'indicatif		36
Les temps composés de l'indicatif		37
Le conditionnel		38
Le subjonctif		39
Emploi des modes et des temps		40

EXPRESSION DE DIVERSES NOTIONS

	volume 2
Temps	41
Lieu	42
Quantité	43
Cause	44
Conséquence	45
But	46
Comparaison	47
Opposition	48
Hypothèse	49
Tableau des conjugaisons	50
Lexique des verbes	51

PRECIS GRAMMATICAL • PRECIS GRAMMATICAL • PRECIS GRAMMATICAL • PRECIS GRAMMATICAL •

1. Types de phrases

Les concurrents de la course prennent le départ demain.
> phrase **déclarative**

Prenez le départ ensemble! partez!
> phrase **impérative**

Est-ce que les concurrents de la course prennent le départ demain?
> phrase **interrogative**

Quelle chance de pouvoir assister à leur départ!
> phrase **exclamative**

Observez la ponctuation, elle peut être différente:

. = point
! = point d'exclamation
? = point d'interrogation

---

2. La phrase interrogative

- Quand vous souhaitez une réponse par «oui» ou par «non», vous pouvez utiliser les constructions suivantes:

Tu viens avec moi au cinéma?
     intonation
 	
 Est-ce que tu viens avec moi au cinéma?
     est-ce que + sujet + verbe...
 	
 Viens-tu avec moi au cinéma?
     verbe + sujet...
	Réponses
	
	 oui
	 non
	 peut-être

ATTENTION! La forme « *Tu viens avec moi au cinéma?*» s'emploie surtout à l'oral. Les deux autres formes s'emploient à l'oral comme à l'écrit.

- Quand vous souhaitez une réponse plus précise, vous pouvez employer des mots interrogatifs:

Qui a inventé la télévision?
    Qui est-ce qui a inventé la télévision?
 Que veux-tu?
    Qu'est-ce que tu veux?
	Mots interrogatifs
	
	 Qui? **Que...?**
	 Qui est-ce qui? Qu'est-ce qui?
	 Qui est-ce que? Qu'est-ce que?

Pourquoi fait-on des blagues le 1er avril? *Comment calculer l'âge d'un arbre?* *Combien de timbres voulez-vous?* *Où se trouve Paris?* *Quand la terre est-elle née?* *Quel âge a la terre?* *Quels sports pratiquez-vous?* *Quelle est votre couleur préférée?* *Quelles aventures avez-vous envie de vivre?*	**Pourquoi, Comment, Combien, Où, Quand** M. F. Sg. **quel** **quelle** Pl. **quels** **quelles**

---

3. La phrase négative

Vous pouvez utiliser des mots négatifs, le plus souvent en deux parties:

> **ne...pas; ne...plus; ne...jamais; ne...personne; ne...rien.**

> *Ce n'est sûrement pas demain que la course partira!*
> *Ne pensez-vous pas qu'il faudra retarder le départ?*
> *La course ne peut pas partir demain.*

ATTENTION! A l'oral, très souvent vous n'entendrez pas la première partie de la négation:

> *Je sais pas.* (au lieu de: *Je ne sais pas.*)

4. La phrase emphatique

Vous pouvez utiliser les tournures:
                    «**c'est...qui**» ou «**c'est...que**»
ou placer le groupe sur lequel vous voulez insister en tête de phrase:

C'est moi qui ai appelé la police.
C'est demain que les concurrents partiront.
Demain, les concurrents partiront.

---

5. et 6. - *voir volume 2*

---

7. Les déterminants

Tous les mots qui précèdent immédiatement le nom et qui peuvent fonctionner comme **un** ou **le**, sont des déterminants.

Le	
Son	
Ce	*bateau va partir.*
Un	
Chaque	

déterminants

Les	
Ses	
Ces	*bateaux vont partir.*
Des	
Quelques	

Certains déterminants renvoient à un élément déjà connu (*le, ce, mon...*)
D'autres déterminants indiquent la quantité (indéfinis et numéraux: *un, quelques, chaque, tout, plusieurs...*)

ATTENTION!   En français, l'article défini ne s'utilise que dans les cas signalés.
L'article défini italien correspond plutôt à *un/une/des* ou à l'emploi du possessif.

Passe-moi ton crayon!   *La cuisine française est célèbre dans le monde entier.*
Quand il fait froid je mets mon manteau.   *Nous avons vécu des moments merveilleux.*
C'est une cafetière.
Ce sont des cartes.

---

8. Les articles définis

Voici l'autobus!
         (l'autobus que j'attends depuis un moment)
Les vipères sont venimeuses. ⎫ (valeur générale)
Le lait est nourissant. ⎭

J'aime beaucoup les livres d'histoire.
La voiture de Jacques est très puissante. ⎫ (référence à une catégorie)
Tu as déchiré l'enveloppe de la lettre que je viens de recevoir. ⎭

	M.	F.
Sg.	**le**	**la**
Pl.		**les**

---

9. Les articles contractés

C'est le mât du bateau. (de + le)

Le bateau rentre au port. (à + le)

	M.
Sg.	**du, au**
Pl.	**des, aux**

---

10. Les articles non-définis

Cet été j'ai rencontré un Italien très sympathique.
J'ai des collègues charmants.
J'ai trouvé une armoire ancienne au marché.

L'emploi de ces articles est très fréquent en français.

	M.	F.
Sg.	**un**	**une**
Pl.		**des**

11. Les articles partitifs

Je vais prendre de la viande ou du poisson, avec des frites et des légumes.

	M.	F.
Sg.	du	de la
Pl.		des

ATTENTION! Dans les phrases négatives:

Je ne mange jamais de viande ni de poisson. Je ne prends jamais de frites ni de légumes.

12. Les adjectifs démonstratifs

Ils accompagnent un geste ou se réfèrent au contexte.
Cet Espagnol, ce Français, cette Italienne, ces Allemands, sont tous des concurrents de la course.

	M.	F.
Sg.	ce cet	cette
Pl.	ces	

13. Les adjectifs possessifs

Singulier		Pluriel
M.	F.	
mon	ma	mes
ton	ta	tes
son	sa	ses
notre		nos
votre		vos
leur		leurs

En français, l'adjectif possessif est utilisé lorsqu'on veut marquer un rapport familial, affectif ou d'appartenance:

Prends ton parapluie avant de sortir.
N'oublie pas ton passeport.
Mon oncle Charles est dentiste.
Tous les jeudis, je vais à mon cours d'italien.

ATTENTION! On emploie **mon, ton, son** à la place de *ma, ta, sa,* avec des noms féminins qui commencent par une voyelle: «*mon amie*»

Quand l'adjectif possessif indique plusieurs personnes ou plusieurs objets, appartenant à plusieurs personnes, n'oubliez pas d'utiliser **leurs**.

Chaque voyageur est responsable de ses bagages. → *Les voyageurs sont responsables de leurs bagages.*

14. Les adjectifs indéfinis

— **chaque**   *Chaque fille et chaque garçon de la classe doit avoir son livre de français.*
— **quelques**   *Quelques élèves seulement ont oublié de venir.*
— **plusieurs**   *Plusieurs personnes attendent dehors.*
— **aucun, aucune**   *Je n'ai encore lu aucun devoir.*
— **tout, toute, tous, toutes** *Tous les journaux parlent de cet événement.*
— **autre, autres**   *Prends un autre gâteau.*   *Je veux d'autres gâteaux.*
                                                  ATTENTION à l'emploi de cet adjectif au pluriel.
— **même, mêmes**   *Vous apprendrez la même leçon pour demain.*

15. Les adjectifs interrogatifs

	Masculin	Féminin
Singulier	**quel**	**quelle**
Pluriel	**quels**	**quelles**

Quel train allez-vous prendre? A quelle gare?

16. Le féminin et le masculin des noms

NOMS ANIMÉS		
Hommes	*un roi / une reine* *un frère / une sœur*	Deux formes différentes.
	un élève / une élève *un enfant / une enfant*	L'orthographe ne change pas.
	un avocat / une avocate *un infirmier / une infirmière*	On ajoute « e ».
ou	*un vendeur / une vendeuse* *un acteur / une actrice* *un duc / une duchesse* *un prince / une princesse*	On ajoute un suffixe.
Animaux	*un tigre / une tigresse* */ une fourmi* *un phoque /*	N.B. Pour indiquer le sexe d'un animal on ajoute *mâle* (M) ou *femelle* (F).
NOMS INANIMÉS	*/ une table* *un bateau /* */ une pierre* *un caillou*	

Pour les **noms inanimés, le genre est fixe**: *un bateau, une fleur...*

Pour les **noms animés, il n'existe pas toujours deux formes symétriques**, masculin / féminin. Quand elles existent,
- ces deux formes peuvent être *identiques*: *un artiste / une artiste*
- **le féminin peut être marqué par l'-e**: *un avocat / une avocate*
- **le féminin peut être marqué par des modifications plus importantes**: *un prince / une princesse*.

Pour désigner les membres de la famille:

grand-père	*grand-mère*	*frère*	*sœur*
père	*mère*	*neveu*	*nièce*
oncle	*tante*	*beau-frère*	*belle-sœur*
fils	*fille*	*beau-père*	*belle-mère*

17. Le pluriel des noms

- En général on ajoute un **-s**:
  un port / des ports

- Autres cas:
  — On ajoute un **-x** pour les noms qui se terminent par: *-au, -eau, -eu, -al, -ail.*
    un bateau / des bateaux
    un cheval / des chevaux
    un travail / des travaux

  ATTENTION! *un oeil / des yeux*

  — Même forme au singulier et au pluriel quand le nom se termine au singulier par **-s, -x, -z**:
    une voix / des voix
    un nez / des nez
    un corps / des corps

  Consultez le dictionnaire pour les pluriels irréguliers.

18. Les expansions du groupe du nom

Pour développer le groupe du nom, on peut ajouter:

- un adjectif   *les concurrents italiens*
- un groupe complément du nom   *les concurrents italiens de la course*
- une proposition relative   *les concurrents italiens de la course qui doit partir demain*

19. Le masculin/féminin des adjectifs

- Pas de changement:
    large: une route large / un bateau large
- On ajoute un **-e**:
    — la prononciation ne change pas: *joli/jolie*
    — la prononciation change: *petit/petite*
- On ajoute un **-e** et on change la dernière consonne ou on modifie la fin du mot:
    roux/rousse   vieux/vieille
    beau/belle   ambitieux/ambitieuse
    fou/folle   neuf/neuve

---

20. Le pluriel des adjectifs

- Comme pour les noms, on ajoute en général un **-s**.
    petit, petite / petits, petites
- Autres cas:
    — on ajoute un **-x**:
        beau/beaux
    — On modifie la finale:
        général/généraux

---

21. Les degrés de comparaison de l'adjectif: comparatif et superlatif

Le comparatif et le superlatif se forment avec des adverbes de comparaison.

SUPERLATIF	
Très	**Le, la, les plus...de** **moins...de**
C'est une matière très légère.	*C'est la matière la plus légère de toutes celles qu'on connaît.*
	C'est la matière la moins lourde de toutes celles qu'on connaît.

COMPARATIF	
Avec un adjectif (ou un adverbe)	**Avec un nom**
plus...que *Le ski est plus dangereux que le tennis.*	**plus de...que (de)** *Au théâtre, il y avait plus de spectateurs que de fauteuils.*
aussi...que *Le ski est aussi dangereux que la boxe.*	**autant de...que (de)** *Dans ma classe, il y a autant de filles que de garçons.*
moins...que *La natation est moins dangereuse que la boxe.*	**moins de...que (de)** *Sur les branches, il y a moins de fruits que de feuilles.*

COMPARATIFS ET SUPERLATIFS IRRÉGULIERS:

ADJECTIF	COMPARATIF	SUPERLATIF	
bon	**meilleur**	**le meilleur**	**très bon/excellent**
mauvais	**pire**	**le pire** (*ou* **le plus mauvais**)	**très mauvais**
petit	**moindre**	**le moindre** (*ou* **le plus petit**)	**très petit**

les adverbes se comportent de la même façon

ADVERBE	COMPARATIF	SUPERLATIF	
bien	**mieux**	**le mieux**	**très bien**
mal	**plus mal**	**le plus mal**	**très mal**
peu	**moins**	**le moins**	**très peu**
beaucoup	**plus**	**le plus**	

22. La proposition relative

Elle joue le rôle d'une expansion du nom.
Le pronom relatif prend des **formes différentes selon la fonction du groupe qu'il remplace**:

— **qui** remplace dans la proposition relative un **groupe sujet**.
— **que** remplace un **groupe complément d'objet direct** (C.O.D.).
— **dont** remplace un **groupe construit avec DE**.

> *Le bulletin d'informations présente des événements. Ces événements viennent de se produire.*
>   SUJET
>
> *Le bulletin d'informations présente des événements qui viennent de se produire.*
>   SUJET

> *Les messages publicitaires présentent des produits. Vous pouvez acheter ces produits.*
>   C.O.D.
>
> *Les messages publicitaires présentent des produits que vous pouvez acheter.*
>   C.O.D.

> *François vient de me raconter une aventure dont il est le héros.*
> *(Il est le héros de cette aventure.)*
>
> *François vient de me raconter une aventure dont il est très fier.*
> *(Il est très fier de cette aventure.)*
>
> *François vient de me raconter une aventure dont on lui a parlé hier.*
> *(On lui a parlé de cette aventure hier.)*
>
> *François vient de me raconter une aventure qu'il a inventée.*
> *(Il a inventé cette aventure.)*

23. Les pronoms personnels

PRONOMS PERSONNELS SUJETS

Pronoms simples	Pronoms renforcés
je	moi
tu	toi
il, elle	lui, elle
nous	nous
vous	vous
ils, elles	eux, elles

Je m'amuse.
Moi, je m'amuse, toi, tu t'ennuies, lui, il nous regarde.

Le pronom indéfini **on** est suivi du verbe à la 3e personne du sing. (3).
Il indique une valeur générale, une action ou un état que tout le monde accepte ou partage.

On doit respecter les lois.
On aime sa famille.
On est bien en vacances.

Dans le langage parlé, **on** équivaut à «nous»: *On viendra demain = Nous viendrons demain.*

PRONOMS COMPLÉMENTS

Complément		Tonique
Direct	Indirect	Après préposition
me	me	moi
te	te	toi
le (l'), la (l')	lui	lui, elle, soi
se		
nous	nous	nous
vous	vous	vous
les	leur	eux, elles

Complément direct:	*Cette robe, je l'achète; ces chaussures, je les achète aussi.*
Complément indirect:	*Je lui parle.*
Forme tonique:	*Réponds-moi.*
Après préposition:	*Viens avec moi chez eux.*

24. EN et Y

On emploie **en** pour représenter un nom inanimé singulier ou pluriel construit avec la préposition **de**.
On emploie **y** pour représenter aussi un nom inanimé singulier ou pluriel mais construit avec la préposition **à**.

Tu as passé trois années de ta vie à écrire ce livre, pourtant tu n'en parles jamais.
Est-ce que tu n'y penses plus?
> *Tu ne parles jamais **de** ce livre.* (**EN**)
> *Tu ne penses jamais **à** ce livre.* (**Y**)

ATTENTION!   Quand vous employez **en** ou **y** après un verbe à l'impératif 2ème personne du singulier, il faut ajouter à la fin du verbe un *-s*.
> *parles-en...penses-y...vas-y...*

Pour choisir entre **en** et **y**, ne tenez compte que de la construction du complément («de» ou «à»); ce n'est pas le sens qui est déterminant.
> *Je viens de la Guadeloupe.*   *J'en viens.*
> *Je vais à la Guadeloupe.*   *J'y vais.*

25. Place des pronoms personnels

J'achète cette robe.
Je l'achète.

J'achète ces chaussures.
Je les achète.

Porte cette boîte, s'il te plaît.
Porte-la s'il te plaît.

Tu ne parles jamais à ton père, pourquoi?
Tu ne lui parles jamais, pourquoi?

Tu ne parles jamais à tes parents, pourquoi?
Tu ne leur parles jamais, pourquoi?

Apporte un cadeau à ton frère.
Apporte-lui un cadeau.

26. Les pronoms démonstratifs

Singulier			Pluriel	
Masculin	Féminin	Neutre	Masculin	Féminin
celui	celle	ce	ceux	celles
celui-ci	celle-ci	ceci	ceux-ci	celles-ci
celui-là	celle-là	cela	ceux-là	celles-là
		ça		

27. Les pronoms possessifs

Singulier		Pluriel	
Masculin	Féminin	Masculin	Féminin
le mien	la mienne	les miens	les miennes
le tien	la tienne	les tiens	les tiennes
le sien	la sienne	les siens	les siennes
le, la nôtre		les nôtres	
le, la vôtre		les vôtres	
le, la leur		les leurs	

J'ai perdu mes lunettes. Voulez-vous les miennes?

28. Les pronoms indéfinis

personne, rien:
> *Rien ne bouge, personne ne vient.*
> *Ne touche à rien!*

autre:
> *Tu en veux un autre?*

Au pluriel, **les autres** = *les autres personnes.*
Les autres ont toujours tort. MAIS: *Tu en veux d'autres?* (= en plus)

quelqu'un, quelque chose:
> *Quelqu'un a téléphoné pour toi.*
> *Il voulait quelque chose.*

tout, tous, toutes:
> *Tous seront au départ.*
> *Les concurrents ont tout prévu.*

29. Le système des temps

modes	temps simples	temps composés
INDICATIF	présent imparfait passé simple futur	passé composé plus-que-parfait passé antérieur futur antérieur
IMPÉRATIF	présent	
CONDITIONNEL	présent	passé
SUBJONCTIF	présent imparfait	passé plus-que-parfait
INFINITIF	présent	passé
PARTICIPE	présent	passé

30. Le présent de l'indicatif

MARCHER		FINIR		TENIR	
je marche	**-e**	je finis	**-s**	je tiens	**-s**
tu marches	**-es**	tu finis	**-s**	tu tiens	**-s**
il (elle) marche	**-e**	il (elle) finit	**-t**	il (elle) tient	**-t**
nous marchons	**-ons**	nous finissons	**-ons**	nous tenons	**-ons**
vous marchez	**-ez**	vous finissez	**-ez**	vous tenez	**-ez**
ils (elles) marchent	**-ent**	ils (elles) finissent	**-ent**	ils (elles) tiennent	**-ent**

ATTENTION!   Pour les verbes dont l'infinitif est en *-er*, vérifiez la conjugaison des verbes qui se terminent en *-oyer, -uyer, -ayer, -eler, -eter*.
Pour les verbes dont l'infinitif est en *-ir* et le participe présent en *-issant* (*finir-finissant*), pas de difficultés.
Pour tous les autres verbes, qu'on classe en général dans le 3ème groupe, vérifiez à chaque fois les formes.

31. Le présent de l'impératif

En général il se forme comme le présent de l'indicatif.

ATTENTION!   L'impératif ne comporte que 3 formes.
Pour les verbes dont l'infinitif est en *-er*, il n'y a pas de *-s* à la 2ème personne.

DANSER	tu danses	dans**e**
	nous dansons	dans**ons**
	vous dansez	dans**ez**

32. L'imparfait

On fabrique l'imparfait à partir de l'indicatif présent, 1ère personne du pluriel (4).

FINIR	PRÉSENT	IMPARFAIT	
	4. nous finissons ⟶	1. je finissais	**-ais** ⟶ [ɛ]
		2. tu finissais	**-ais**
		3. il (elle) finissait	**-ait**
		4. nous finissions	**-ions** ── [jɔ̃]
		5. vous finissiez	**-iez** ── [je]
		6. ils (elles) finissaient	**-aient**

33.   Le participe passé

Verbes dont l'infinitif est en -er:
   AIMER = aim**é**, aim**ée**, aim**és**, aim**ées**.
Verbes dont l'infinitif est en -ir (-issant):
   FINIR = fin**i**, fin**ie**, fin**is**, fin**ies**.
Autres verbes: le participe passé est souvent terminé par -i ou -u:
   PARTIR = part**i**, part**ie**, part**is**, part**ies**.
   TENIR = ten**u**, ten**ue**, ten**us**, ten**ues**.

Quelques participes passés se terminent autrement:
   DIRE = dit, dite, dits, dit**es**.
   FAIRE = fait, faite, faits, fait**es**.
   METTRE = mis, mise, mis, mis**es**.
   PRENDRE = pris, prise, pris, pris**es**.

---

34.   Le passé composé de l'indicatif

Les bateaux <u>ont quitté</u> le port.
   auxiliaire   participe passé

Les bateaux <u>sont sortis</u> du port.
   auxiliaire   participe passé

Pour fabriquer le passé composé, on utilise l'auxiliaire au présent de l'indicatif et le participe passé du verbe.

- **Comment choisir entre être et avoir?**
  La plupart des verbes se conjuguent avec *avoir*.
  Se conjuguent avec *être*, les verbes pronominaux (se réveiller, par exemple) et un certain nombre de verbes comme *arriver* etc. (voir la «maison des verbes» page 68)

- **Comment accorder le participe passé?**
  avoir: accord avec le complément d'objet direct uniquement s'il est placé avant le verbe.
     Les enfants ont <u>quitté</u> la maison. / La <u>maison</u> que les enfants ont <u>quittée</u>.
                            / <u>Quelle maison</u> les enfants ont-ils <u>quittée</u>?

  être: accord avec le sujet du verbe.
     <u>Mes deux filles</u> sont <u>sorties</u> avec des copains ce soir.

Emploi des auxiliaires ÊTRE et AVOIR:

avoir	être

• verbes transitifs
   J'ai vu un bon film.
	• verbes pronominaux
	   Je me suis lavé les cheveux.

• presque tous les verbes intransitifs et impersonnels
   Il a couru.
   Il a plu.
	• certains verbes intransitifs
	   Il est descendu.
	• forme passive
	   Le bateau est emporté par les vagues.

Voici les principaux verbes intransitifs conjugués avec *être*:

aller / venir
arriver / partir
entrer / sortir
naître / mourir, décéder
monter / descendre
demeurer

éclore
passer
retourner
rester
tomber

venir, devenir, intervenir, parvenir, revenir

Voici les principaux verbes intransitifs conjugués avec *avoir*:

atterrir
augmenter
baisser
cesser
changer
empirer
glisser

grandir
grimper
grossir
maigrir
paraître
plonger
vieillir

35. Le futur de l'indicatif

Pour former le futur d'un verbe, il faut connaître son infinitif.
Les verbes qui ont leur infinitif en *-er* forment leur futur en *-erai*.
Les autres verbes forment leur futur en *-rai*.

MARCHER

1. je marcherai **-ai**
2. tu marcheras **-as**
3. il (elle) marchera **-a**
4. nous marcherons **-ons**
5. vous marcherez **-ez**
6. ils (elles) marcheront **-ont**

FINIR

je finirai **-ai** [e]
tu finiras **-as** [a]
il (elle) finira **-a**
nous finirons **-ons**
vous finirez **-ez** [ɔ̃]
ils (elles) finiront **-ont**

ATTENTION!   Ne pas oublier le *-e* muet devant les terminaisons des verbes dont l'infinitif se termine par *-ier*, *-ayer*, *-oyer*, *-uyer*, *-ouer*, *-uer*.
      Je paierai, tu essuieras...

En français le verbe **espérer** est suivi du futur dans les phrases affirmatives:
      J'espère que tu rentreras à l'heure!

Dans les phrases négatives, il est suivi du subjonctif:
      Je n'espère pas que tu viennes ce soir.

---

36. à 49. *voir volume 2*

50. Conjugaisons

AUXILIAIRES

C.1 AVOIR
C.2 ÊTRE

1er GROUPE

C.3 HABITER
C.4 MANGER } verbes en *-ger* et en *-cer*: «g» et «ç» devant *a* et *o*. *Nous mangeons, nous an-*
C.5 ANNONCER } *nonçons.*
C.6 APPELER
C.7 JETER } verbes en *-eler* et *-eter*, ainsi que: accélérer, enlever, révéler, répéter, précéder,
C.8 ACHETER } procéder, élever, amener...
C.9 EMPLOYER   verbes en *-oyer, -uyer, -ayer, -y* devient «i» devant le *e* muet: *il emploie, nous em-*
                ployons.
                ATTENTION: *je paie.*
C.10 ENVOYER   Attention au futur: *j'enverrai*
C.11 ALLER

2ème GROUPE

C.12 FINIR

3ème GROUPE

VERBES EN -IR

C.13 OUVRIR
C.14 DORMIR   (partir, sentir, sortir, servir)
C.15 S'ENFUIR
C.16 COURIR
C.17 MOURIR
C.18 TENIR
C.19 VENIR

VERBES EN -OIR

C.20 VOIR   (pouvoir, prévoir)
C.21 S'ASSEOIR
C.22 DEVOIR   (apercevoir, recevoir...)
C.23 POUVOIR
C.24 VOULOIR
C.25 VALOIR   (falloir)
C.26 SAVOIR

VERBES EN -RE

C.27 RIRE
C.28 VENDRE   (défendre, descendre, entendre, fondre, perdre, répondre, tendre, vendre)
C.29 CONVAINCRE
C.30 PRENDRE
C.31 METTRE
C.32 ATTEINDRE (plaindre, peindre et les verbes en *-aindre, -eindre* et *-oindre*)
C.33 SUIVRE   (vivre)
C.34 CONNAÎTRE (et tous les verbes en *-aître* et *-oître*)

VERBES EN -IRE ET -AIRE

C.35 DIRE
C.36 FAIRE
C.37 CONDUIRE
C.38 CROIRE
C.39 BOIRE

ATTENTION! Au passé composé, le participe passé des verbes *aller* (C.11), *s'enfuir* (C.15), *mourir* (C.17) et *venir* (C.19) a été indiqué:
je suis allé(e) = je suis allé ou je suis allée
nous sommes allés(es) = nous sommes allés ou nous sommes allées.

C.1 - avoir

INDICATIF

PRÉSENT	PASSÉ COMPOSÉ	IMPARFAIT	FUTUR
j'ai	j'ai eu	j'avais	j'aurai
tu as	tu as eu	tu avais	tu auras
il, elle, on a	il, elle, on a eu	il, elle, on avait	il, elle, on aura
nous avons	nous avons eu	nous avions	nous aurons
vous avez	vous avez eu	vous aviez	vous aurez
ils, elles ont	ils, elles ont eu	ils, elles avaient	ils, elles auront

IMPÉRATIF	INFINITIF	PARTICIPE	
PRÉSENT	PRÉSENT	PRÉSENT	PASSÉ
aie	avoir	ayant	eu
ayons			
ayez			

C.2 - être

INDICATIF

PRÉSENT	PASSÉ COMPOSÉ	IMPARFAIT	FUTUR
je suis	j'ai été	j'étais	je serai
tu es	tu as été	tu étais	tu seras
il, elle, on est	il, elle, on a été	il, elle, on était	il, elle, on sera
nous sommes	nous avons été	nous étions	nous serons
vous êtes	vous avez été	vous étiez	vous serez
ils, elles sont	ils, elles ont été	ils, elles étaient	ils, elles seront

IMPÉRATIF	INFINITIF	PARTICIPE	
PRÉSENT	PRÉSENT	PRÉSENT	PASSÉ
sois	être	étant	été
soyons			
soyez			

C.3 - habiter

INDICATIF

PRÉSENT	PASSÉ COMPOSÉ	IMPARFAIT	FUTUR
j'habite	j'ai habité	j'habitais	j'habiterai
tu habites	tu as habité	tu habitais	tu habiteras
il, elle, on habite	il, elle, on a habité	il, elle, on habitait	il, elle, on habitera
nous habitons	nous avons habité	nous habitions	nous habiterons
vous habitez	vous avez habité	vous habitiez	vous habiterez
ils, elles habitent	ils, elles ont habité	ils, elles habitaient	ils, elles habiteront

IMPÉRATIF	INFINITIF	PARTICIPE	
PRÉSENT	PRÉSENT	PRÉSENT	PASSÉ
habite	habiter	habitant	habité
habitons			habitée
habitez			ayant habité

C.4 - manger

INDICATIF

PRÉSENT	PASSÉ COMPOSÉ	IMPARFAIT	FUTUR
je mange	j'ai mangé	je mangeais	je mangerai
tu manges	tu as mangé	tu mangeais	tu mangeras
il, elle, on mange	il, elle, on a mangé	il, elle, on mangeait	il, elle, on mangera
nous mangeons	nous avons mangé	nous mangions	nous mangerons
vous mangez	vous avez mangé	vous mangiez	vous mangerez
ils, elles mangent	ils, elles ont mangé	ils, elles mangeaient	ils, elles mangeront

IMPÉRATIF	INFINITIF	PARTICIPE	
PRÉSENT	PRÉSENT	PRÉSENT	PASSÉ
mange	manger	mangeant	mangé
mangeons			mangée
mangez			ayant mangé

C.5 - annoncer

INDICATIF

PRÉSENT	PASSÉ COMPOSÉ	IMPARFAIT	FUTUR
j'annonce	j'ai annoncé	j'annonçais	j'annoncerai
tu annonces	tu as annoncé	tu annonçais	tu annonceras
il, elle, on annonce	il, elle, on a annoncé	il, elle, on annonçait	il, elle, on annoncera
nous annonçons	nous avons annoncé	nous annoncions	nous annoncerons
vous annoncez	vous avez annoncé	vous annonciez	vous annoncerez
ils, elles annoncent	ils, elles ont annoncé	ils, elles annonçaient	ils, elles annonceront

IMPÉRATIF	INFINITIF	PARTICIPE	
PRÉSENT	PRÉSENT	PRÉSENT	PASSÉ
annonce	annoncer	annonçant	annoncé
annonçons			annoncée
annoncez			ayant annoncé

C.6 - appeler

INDICATIF

PRÉSENT	PASSÉ COMPOSÉ	IMPARFAIT	FUTUR
j'appelle	j'ai appelé	j'appelais	j'appellerai
tu appelles	tu as appelé	tu appelais	tu appelleras
il, elle, on appelle	il, elle, on a appelé	il, elle, on appelait	il, elle, on appellera
nous appelons	nous avons appelé	nous appelions	nous appellerons
vous appelez	vous avez appelé	vous appeliez	vous appellerez
ils, elles appellent	ils, elles ont appelé	ils, elles appelaient	ils, elles appelleront

IMPÉRATIF	INFINITIF	PARTICIPE	
PRÉSENT	PRÉSENT	PRÉSENT	PASSÉ
appelle	appeler	appelant	appelé
appelons			appelée
appelez			ayant appelé

C.7 - jeter

INDICATIF

PRÉSENT	PASSÉ COMPOSÉ	IMPARFAIT	FUTUR
je jette	j'ai jeté	je jetais	je jetterai
tu jettes	tu as jeté	tu jetais	tu jetteras
il, elle, on jette	il, elle, on a jeté	il, elle, on jetait	il, elle, on jettera
nous jetons	nous avons jeté	nous jetions	nous jetterons
vous jetez	vous avez jeté	vous jetiez	vous jetterez
ils, elles jettent	ils, elles ont jeté	ils, elles jetaient	ils, elles jetteront

IMPÉRATIF	INFINITIF	PARTICIPE	
PRÉSENT	PRÉSENT	PRÉSENT	PASSÉ
jette	jeter	jetant	jeté
jetons			jetée
jetez			ayant jeté

C.8 - acheter

INDICATIF

PRÉSENT	PASSÉ COMPOSÉ	IMPARFAIT	FUTUR
j'achète	j'ai acheté	j'achetais	j'achèterai
tu achètes	tu as acheté	tu achetais	tu achèteras
il, elle, on achète	il, elle, on a acheté	il, elle, on achetait	il, elle, on achètera
nous achetons	nous avons acheté	nous achetions	nous achèterons
vous achetez	vous avez acheté	vous achetiez	vous achèterez
ils, elles achètent	ils, elles ont acheté	ils, elles achetaient	ils, elles achèteront

IMPÉRATIF	INFINITIF	PARTICIPE	
PRÉSENT	PRÉSENT	PRÉSENT	PASSÉ
achète	acheter	achetant	acheté
achetons			achetée
achetez			ayant acheté

C.9 - employer

INDICATIF

PRÉSENT	PASSÉ COMPOSÉ	IMPARFAIT	FUTUR
j'emploie	j'ai employé	j'employais	j'emploierai
tu emploies	tu as employé	tu employais	tu emploieras
il, elle, on emploie	il, elle, on a employé	il, elle, on employait	il, elle, on emploiera
nous employons	nous avons employé	nous employions	nous emploierons
vous employez	vous avez employé	vous employiez	vous emploierez
ils, elles emploient	ils, elles ont employé	ils, elles employaient	ils, elles emploieront

IMPÉRATIF	INFINITIF	PARTICIPE	
PRÉSENT	PRÉSENT	PRÉSENT	PASSÉ
emploie	employer	employant	employé
employons			employée
employez			ayant employé

C.10 - envoyer

INDICATIF

PRÉSENT	PASSÉ COMPOSÉ	IMPARFAIT	FUTUR
j'envoie	j'ai envoyé	j'envoyais	j'enverrai
tu envoies	tu as envoyé	tu envoyais	tu enverras
il, elle, on envoie	il, elle, on a envoyé	il, elle, on envoyait	il, elle, on enverra
nous envoyons	nous avons envoyé	nous envoyions	nous enverrons
vous envoyez	vous avez envoyé	vous envoyiez	vous enverrez
ils, elles envoient	ils, elles ont envoyé	ils, elles envoyaient	ils, elles enverront

IMPÉRATIF	INFINITIF	PARTICIPE	
PRÉSENT	PRÉSENT	PRÉSENT	PASSÉ
envoie	envoyer	envoyant	envoyé
envoyons			envoyée
envoyez			ayant envoyé

C.11 - aller

INDICATIF

PRÉSENT	PASSÉ COMPOSÉ	IMPARFAIT	FUTUR
je vais	je suis allé (e)	j'allais	j'irai
tu vas	tu es allé (e)	tu allais	tu iras
il, elle, on va	il, elle, on est allé (e)	il, elle, on allait	il, elle, on ira
nous allons	nous sommes allés (es)	nous allions	nous irons
vous allez	vous êtes allés (es)	vous alliez	vous irez
ils, elles vont	ils, elles sont allés (es)	ils, elles allaient	ils, elles iront

IMPÉRATIF	INFINITIF	PARTICIPE	
PRÉSENT	PRÉSENT	PRÉSENT	PASSÉ
va	aller	allant	allé
allons			allée
allez			étant allé

C.12 - finir

INDICATIF

PRÉSENT	PASSÉ COMPOSÉ	IMPARFAIT	FUTUR
je finis	j'ai fini	je finissais	je finirai
tu finis	tu as fini	tu finissais	tu finiras
il, elle, on finit	il, elle, on a fini	il, elle, on finissait	il, elle, on finira
nous finissons	nous avons fini	nous finissions	nous finirons
vous finissez	vous avez fini	vous finissiez	vous finirez
ils, elles finissent	ils, elles ont fini	ils, elles finissaient	ils, elles finiront

IMPÉRATIF	INFINITIF	PARTICIPE	
PRÉSENT	PRÉSENT	PRÉSENT	PASSÉ
finis	finir	finissant	fini
finissons			finie
finissez			ayant fini

C.13 - ouvrir

INDICATIF

PRÉSENT	PASSÉ COMPOSÉ	IMPARFAIT	FUTUR
j'ouvre	j'ai ouvert	j'ouvrais	j'ouvrirai
tu ouvres	tu as ouvert	tu ouvrais	tu ouvriras
il, elle, on ouvre	il, elle, on a ouvert	il, elle, on ouvrait	il, elle, on ouvrira
nous ouvrons	nous avons ouvert	nous ouvrions	nous ouvrirons
vous ouvrez	vous avez ouvert	vous ouvriez	vous ouvrirez
ils, elles ouvrent	ils, elles ont ouvert	ils, elles ouvraient	ils, elles ouvriront

IMPÉRATIF	INFINITIF	PARTICIPE	
PRÉSENT	PRÉSENT	PRÉSENT	PASSÉ
ouvre	ouvrir	ouvrant	ouvert
ouvrons			ouverte
ouvrez			ayant ouvert

C.14 - dormir

INDICATIF

PRÉSENT	PASSÉ COMPOSÉ	IMPARFAIT	FUTUR
je dors	j'ai dormi	je dormais	je dormirai
tu dors	tu as dormi	tu dormais	tu dormiras
il, elle, on dort	il, elle, on a dormi	il, elle, on dormait	il, elle, on dormira
nous dormons	nous avons dormi	nous dormions	nous dormirons
vous dormez	vous avez dormi	vous dormiez	vous dormirez
ils, elles dorment	ils, elles ont dormi	ils, elles dormaient	ils, elles dormiront

IMPÉRATIF	INFINITIF	PARTICIPE	
PRÉSENT	PRÉSENT	PRÉSENT	PASSÉ
dors	dormir	dormant	dormi
dormons			ayant dormi
dormez			

C.15 - s'enfuir

INDICATIF

PRÉSENT	PASSÉ COMPOSÉ	IMPARFAIT	FUTUR
je m'enfuis	je me suis enfui (e)	je m'enfuyais	je m'enfuirai
tu t'enfuis	tu t'es enfui (e)	tu t'enfuyais	tu t'enfuiras
il, elle, on s'enfuit	il, elle, on s'est enfui (e)	il, elle, on s'enfuyait	il, elle, on s'enfuira
nous nous enfuyons	nous nous sommes enfuis (es)	nous nous enfuyions	nous nous enfuirons
vous vous enfuyez	vous vous êtes enfuis (es)	vous vous enfuyiez	vous vous enfuirez
ils, elles s'enfuient	ils, elles se sont enfuis (es)	ils, elles s'enfuyaient	ils, elles s'enfuiront

IMPÉRATIF	INFINITIF	PARTICIPE	
PRÉSENT	PRÉSENT	PRÉSENT	PASSÉ
enfuis-toi	s'enfuir	s'enfuyant	enfui (es)
enfuyons-nous			s'étant enfui (e)
enfuyez-vous			

C.16 - courir

INDICATIF

PRÉSENT	PASSÉ COMPOSÉ	IMPARFAIT	FUTUR
je cours	j'ai couru	je courais	je courrai
tu cours	tu as couru	tu courais	tu courras
il, elle, on court	il, elle, on a couru	il, elle, on courait	il, elle, on courra
nous courons	nous avons couru	nous courions	nous courrons
vous courez	vous avez couru	vous couriez	vous courrez
ils, elles courent	ils, elles ont couru	ils, elles couraient	ils, elles courront

IMPÉRATIF	INFINITIF	PARTICIPE	
PRÉSENT	PRÉSENT	PRÉSENT	PASSÉ
cours	courir	courant	couru
courons			courue
courez			ayant couru

C.17 - mourir

INDICATIF

PRÉSENT	PASSÉ COMPOSÉ	IMPARFAIT	FUTUR
je meurs	je suis mort (e)	je mourais	je mourrai
tu meurs	tu es mort (e)	tu mourais	tu mourras
il, elle, on meurt	il, elle, on est mort (e)	il, elle, on mourait	il, elle, on mourra
nous mourons	nous sommes morts (es)	nous mourions	nous mourrons
vous mourez	vous êtes morts (es)	vous mouriez	vous mourrez
ils, elles meurent	ils, elles sont morts (es)	ils, elles mouraient	ils, elles mourront

IMPÉRATIF	INFINITIF	PARTICIPE	
PRÉSENT	PRÉSENT	PRÉSENT	PASSÉ
meurs	mourir	mourant	mort
mourons			morte
mourez			étant mort

C.18 - tenir

INDICATIF

PRÉSENT	PASSÉ COMPOSÉ	IMPARFAIT	FUTUR
je tiens	j'ai tenu	je tenais	je tiendrai
tu tiens	tu as tenu	tu tenais	tu tiendras
il, elle, on tient	il, elle, on a tenu	il, elle, on tenait	il, elle, on tiendra
nous tenons	nous avons tenu	nous tenions	nous tiendrons
vous tenez	vous avez tenu	vous teniez	vous tiendrez
ils, elles tiennent	ils, elles ont tenu	ils, elles tenaient	ils, elles tiendront

IMPÉRATIF	INFINITIF	PARTICIPE	
PRÉSENT	PRÉSENT	PRÉSENT	PASSÉ
tiens	tenir	tenant	tenu
tenons			tenue
tenez			ayant tenu

C.19 - venir

INDICATIF

PRÉSENT	PASSÉ COMPOSÉ	IMPARFAIT	FUTUR
je viens	je suis venu (e)	je venais	je viendrai
tu viens	tu es venu (e)	tu venais	tu viendras
il, elle, on vient	il, elle, on est venu (e)	il, elle, on venait	il, elle, on viendra
nous venons	nous sommes venus (es)	nous venions	nous viendrons
vous venez	vous êtes venus (es)	vous veniez	vous viendrez
ils, elles viennent	ils, elles sont venus (es)	ils, elles venaient	ils, elles viendront

IMPÉRATIF	INFINITIF	PARTICIPE	
PRÉSENT	PRÉSENT	PRÉSENT	PASSÉ
viens	venir	venant	venu (e)
venons			étant venu (e)
venez			

C.20 - voir

INDICATIF

PRÉSENT	PASSÉ COMPOSÉ	IMPARFAIT	FUTUR
je vois	j'ai vu	je voyais	je verrai
tu vois	tu as vu	tu voyais	tu verras
il, elle, on voit	il, elle, on a vu	il, elle, on voyait	il, elle, on verra
nous voyons	nous avons vu	nous voyions	nous verrons
vous voyez	vous avez vu	vous voyiez	vous verrez
ils, elles voient	ils, elles ont vu	ils, elles voyaient	ils, elles verront

IMPÉRATIF	INFINITIF	PARTICIPE	
PRÉSENT	PRÉSENT	PRÉSENT	PASSÉ
vois	voir	voyant	vu
voyons			vue
voyez			ayant vu

C.21 - asseoir

INDICATIF

PRÉSENT	PASSÉ COMPOSÉ	IMPARFAIT	FUTUR
je m'assieds	je me suis assis(e)	je m'asseyais	je m'assiérai
tu t'assieds	tu t'es assis(e)	tu t'asseyais	tu t'assiéras
il, elle, on s'assied	il, elle, on s'est assis(e)	il, elle, on s'asseyait	il, elle, on s'assiéra
nous nous asseyons	nous nous sommes assis(es)	nous nous asseyions	nous nous assiérons
vous vous asseyez	vous vous êtes assis(es)	vous vous asseyiez	vous vous assiérez
ils, elles s'asseyent	ils, elles se sont assis(es)	ils, elles s'asseyaient	ils, elles s'assiéront
ou je m'assois			

IMPÉRATIF	INFINITIF	PARTICIPE	
PRÉSENT	PRÉSENT	PRÉSENT	PASSÉ
assieds-toi	s'asseoir	s'asseyant	assis
asseyons-nous		*ou* s'assoyant	assise
asseyez-vous			étant assis (e)
ou assois-toi			
assoyons-nous			
assoyez-vous			

C.22 - devoir

INDICATIF

PRÉSENT	PASSÉ COMPOSÉ	IMPARFAIT	FUTUR
je dois	j'ai dû	je devais	je devrai
tu dois	tu as dû	tu devais	tu devras
il, elle, on doit	il, elle, on a dû	il, elle, on devait	il, elle, on devra
nous devons	nous avons dû	nous devions	nous devrons
vous devez	vous avez dû	vous deviez	vous devrez
ils, elles doivent	ils, elles ont dû	ils, elles devaient	ils, elles devront

IMPÉRATIF	INFINITIF	PARTICIPE	
PRÉSENT	PRÉSENT	PRÉSENT	PASSÉ
dois	devoir	devant	dû
devons			due
devez			ayant dû

C.23 - pouvoir

INDICATIF

PRÉSENT	PASSÉ COMPOSÉ	IMPARFAIT	FUTUR
je peux	j'ai pu	je pouvais	je pourrai
tu peux	tu as pu	tu pouvais	tu pourras
il, elle, on peut	il, elle, on a pu	il, elle, on pouvait	il, elle, on pourra
nous pouvons	nous avons pu	nous pouvions	nous pourrons
vous pouvez	vous avez pu	vous pouviez	vous pourrez
ils, elles peuvent	ils, elles ont pu	ils, elles pouvaient	ils, elles pourront

IMPÉRATIF	INFINITIF	PARTICIPE	
PRÉSENT	PRÉSENT	PRÉSENT	PASSÉ
(inusité)	pouvoir	pouvant	pu
			ayant pu

C.24 - vouloir

INDICATIF

PRÉSENT	PASSÉ COMPOSÉ	IMPARFAIT	FUTUR
je veux	j'ai voulu	je voulais	je voudrai
tu veux	tu as voulu	tu voulais	tu voudras
il, elle, on veut	il, elle, on a voulu	il, elle, on voulait	il, elle, on voudra
nous voulons	nous avons voulu	nous voulions	nous voudrons
vous voulez	vous avez voulu	vous vouliez	vous voudrez
ils, elles veulent	ils, elles ont voulu	ils, elles voulaient	ils, elles voudront

IMPÉRATIF	INFINITIF	PARTICIPE	
PRÉSENT	PRÉSENT	PRÉSENT	PASSÉ
veux (veuille)	vouloir	voulant	voulu
voulons			voulue
voulez (veuillez)			ayant voulu

C.25 - valoir

INDICATIF

PRÉSENT	PASSÉ COMPOSÉ	IMPARFAIT	FUTUR
je vaux	j'ai valu	je valais	je vaudrai
tu vaux	tu as valu	tu valais	tu vaudras
il, elle, on vaut	il, elle, on a valu	il, elle, on valait	il, elle, on vaudra
nous valons	nous avons valu	nous valions	nous vaudrons
vous valez	vous avez valu	vous valiez	vous vaudrez
ils, elles valent	ils, elles ont valu	ils, elles valaient	ils, elles vaudront

IMPÉRATIF	INFINITIF	PARTICIPE	
PRÉSENT	PRÉSENT	PRÉSENT	PASSÉ
vaux	valoir	valant	valu
valons			value
valez			ayant valu

C.26 - savoir

INDICATIF

PRÉSENT	PASSÉ COMPOSÉ	IMPARFAIT	FUTUR
je sais	j'ai su	je savais	je saurai
tu sais	tu as su	tu savais	tu sauras
il, elle, on sait	il, elle, on a su	il, elle, on savait	il, elle, on saura
nous savons	nous avons su	nous savions	nous saurons
vous savez	vous avez su	vous saviez	vous saurez
ils, elles savent	ils, elles ont su	ils, elles savaient	ils, elles sauront

IMPÉRATIF	INFINITIF	PARTICIPE	
PRÉSENT	PRÉSENT	PRÉSENT	PASSÉ
sache	savoir	sachant	su
sachons			sue
sachez			ayant su

C.27 - rire

INDICATIF

PRÉSENT	PASSÉ COMPOSÉ	IMPARFAIT	FUTUR
je ris	j'ai ri	je riais	je rirai
tu ris	tu as ri	tu riais	tu riras
il, elle, on rit	il, elle, on a ri	il, elle, on riait	il, elle, on rira
nous rions	nous avons ri	nous riions	nous rirons
vous riez	vous avez ri	vous riiez	vous rirez
ils, elles rient	ils, elles ont ri	ils, elles riaient	ils, elles riront

IMPÉRATIF	INFINITIF	PARTICIPE	
PRÉSENT	PRÉSENT	PRÉSENT	PASSÉ
ris	rire	riant	ri
rions			ayant ri
riez			

C.28 - vendre

INDICATIF

PRÉSENT	PASSÉ COMPOSÉ	IMPARFAIT	FUTUR
je vends	j'ai vendu	je vendais	je vendrai
tu vends	tu as vendu	tu vendais	tu vendras
il, elle, on vend	il, elle, on a vendu	il, elle, on vendait	il, elle, on vendra
nous vendons	nous avons vendu	nous vendions	nous vendrons
vous vendez	vous avez vendu	vous vendiez	vous vendrez
ils, elles vendent	ils, elles ont vendu	ils, elles vendaient	ils, elles vendront

IMPÉRATIF	INFINITIF	PARTICIPE	
PRÉSENT	PRÉSENT	PRÉSENT	PASSÉ
vends	vendre	vendant	vendu (e)
vendons			ayant vendu
vendez			

C.29 - convaincre

INDICATIF

PRÉSENT	PASSÉ COMPOSÉ	IMPARFAIT	FUTUR
je convaincs	j'ai convaincu	je convainquais	je convaincrai
tu convaincs	tu as convaincu	tu convainquais	tu convaincras
il, elle, on convainc	il, elle, on a convaincu	il, elle, on convainquait	il, elle, on convaincra
nous convainquons	nous avons convaincu	nous convainquions	nous convaincrons
vous convainquez	vous avez convaincu	vous convainquiez	vous convaincrez
ils, elles convainquent	ils, elles ont convaincu	ils, elles convainquaient	ils, elles convaincront

IMPÉRATIF	INFINITIF	PARTICIPE	
PRÉSENT	PRÉSENT	PRÉSENT	PASSÉ
convaincs	convaincre	convainquant	convaincu
convainquons			convaincue
convainquez			ayant convaincu

C.30 - prendre

INDICATIF

PRÉSENT	PASSÉ COMPOSÉ	IMPARFAIT	FUTUR
je prends	j'ai pris	je prenais	je prendrai
tu prends	tu as pris	tu prenais	tu prendras
il, elle, on prend	il, elle, on a pris	il, elle, on prenait	il, elle, on prendra
nous prenons	nous avons pris	nous prenions	nous prendrons
vous prenez	vous avez pris	vous preniez	vous prendrez
ils, elles prennent	ils, elles ont pris	ils, elles prenaient	ils, elles prendront

IMPÉRATIF	INFINITIF	PARTICIPE	
PRÉSENT	PRÉSENT	PRÉSENT	PASSÉ
prends	prendre	prenant	pris
prenons			prise
prenez			ayant pris

C.31 - mettre

INDICATIF

PRÉSENT	PASSÉ COMPOSÉ	IMPARFAIT	FUTUR
je mets	j'ai mis	je mettais	je mettrai
tu mets	tu as mis	tu mettais	tu mettras
il, elle, on met	il, elle, on a mis	il, elle, on mettait	il, elle, on mettra
nous mettons	nous avons mis	nous mettions	nous mettrons
vous mettez	vous avez mis	vous mettiez	vous mettrez
ils, elles mettent	ils, elles ont mis	ils, elles mettaient	ils, elles mettront

IMPÉRATIF	INFINITIF	PARTICIPE	
PRÉSENT	PRÉSENT	PRÉSENT	PASSÉ
mets	mettre	mettant	mis
mettons			mise
mettez			ayant mis

C.32 - atteindre

INDICATIF

PRÉSENT	PASSÉ COMPOSÉ	IMPARFAIT	FUTUR
j'atteins	j'ai atteint	j'atteignais	j'atteindrai
tu atteins	tu as atteint	tu atteignais	tu atteindras
il, elle, on atteint	il, elle, on a atteint	il, elle, on atteignait	il, elle, on atteindra
nous atteignons	nous avons atteint	nous atteignions	nous atteindrons
vous atteignez	vous avez atteint	vous atteigniez	vous atteindrez
ils, elles atteignent	ils, elles ont atteint	ils, elles atteignaient	ils, elles atteindront

IMPÉRATIF	INFINITIF	PARTICIPE	
PRÉSENT	PRÉSENT	PRÉSENT	PASSÉ
atteins	atteindre	atteignant	atteint
atteignons			atteinte
atteignez			ayant atteint

C.33 - suivre

INDICATIF

PRÉSENT	PASSÉ COMPOSÉ	IMPARFAIT	FUTUR
je suis	j'ai suivi	je suivais	je suivrai
tu suis	tu as suivi	tu suivais	tu suivras
il, elle, on suit	il, elle, on a suivi	il, elle, on suivait	il, elle, on suivra
nous suivons	nous avons suivi	nous suivions	nous suivrons
vous suivez	vous avez suivi	vous suiviez	vous suivrez
ils, elles suivent	ils, elles ont suivi	ils, elles suivaient	ils, elles suivront

IMPÉRATIF	INFINITIF	PARTICIPE	
PRÉSENT	PRÉSENT	PRÉSENT	PASSÉ
suis	suivre	suivant	suivi
suivons			suivie
suivez			ayant suivi

C.34 - connaître

INDICATIF

PRÉSENT	PASSÉ COMPOSÉ	IMPARFAIT	FUTUR
je connais	j'ai connu	je connaissais	je connaîtrai
tu connais	tu as connu	tu connaissais	tu connaîtras
il, elle, on connaît	il, elle, on a connu	il, elle, on connaissait	il, elle, on connaîtra
nous connaissons	nous avons connu	nous connaissions	nous connaîtrons
vous connaissez	vous avez connu	vous connaissiez	vous connaîtrez
ils, elles connaissent	ils, elles ont connu	ils, elles connaissaient	ils, elles connaîtront

IMPÉRATIF	INFINITIF	PARTICIPE	
PRÉSENT	PRÉSENT	PRÉSENT	PASSÉ
connais	connaître	connaissant	connu
connaissons			connue
connaissez			ayant connu

C.35 - dire

INDICATIF

PRÉSENT	PASSÉ COMPOSÉ	IMPARFAIT	FUTUR
je dis	j'ai dit	je disais	je dirai
tu dis	tu as dit	tu disais	tu diras
il, elle, on dit	il, elle, on a dit	il, elle, on disait	il, elle, on dira
nous disons	nous avons dit	nous disions	nous dirons
vous dites	vous avez dit	vous disiez	vous direz
ils, elles disent	ils, elles ont dit	ils, elles disaient	ils, elles diront

IMPÉRATIF	INFINITIF	PARTICIPE	
PRÉSENT	PRÉSENT	PRÉSENT	PASSÉ
dis	dire	disant	dit
disons			dite
dites			ayant dit

C.36 - faire

INDICATIF

PRÉSENT	PASSÉ COMPOSÉ	IMPARFAIT	FUTUR
je fais	j'ai fait	je faisais	je ferai
tu fais	tu as fait	tu faisais	tu feras
il, elle, on fait	il, elle, on a fait	il, elle, on faisait	il, elle, on fera
nous faisons	nous avons fait	nous faisions	nous ferons
vous faites	vous avez fait	vous faisiez	vous ferez
ils, elles font	ils, elles ont fait	ils, elles faisaient	ils, elles feront

IMPÉRATIF	INFINITIF	PARTICIPE	
PRÉSENT	PRÉSENT	PRÉSENT	PASSÉ
fais	faire	faisant	fait
faisons			faite
faites			ayant fait

C.37 - conduire

INDICATIF

PRÉSENT	PASSÉ COMPOSÉ	IMPARFAIT	FUTUR
je conduis	j'ai conduit	je conduisais	je conduirai
tu conduis	tu as conduit	tu conduisais	tu conduiras
il, elle, on conduit	il, elle, on a conduit	il, elle, on conduisait	il, elle, on conduira
nous conduisons	nous avons conduit	nous conduisions	nous conduirons
vous conduisez	vous avez conduit	vous conduisiez	vous conduirez
ils, elles conduisent	ils, elles ont conduit	ils, elles conduisaient	ils, elles conduiront

IMPÉRATIF	INFINITIF	PARTICIPE	
PRÉSENT	PRÉSENT	PRÉSENT	PASSÉ
conduis	conduire	conduisant	conduit
conduisons			conduite
conduisez			ayant conduit

C.38 - croire

INDICATIF

PRÉSENT	PASSÉ COMPOSÉ	IMPARFAIT	FUTUR
je crois	j'ai cru	je croyais	je croirai
tu crois	tu as cru	tu croyais	tu croiras
il, elle, on croit	il, elle, on a cru	il, elle, on croyait	il, elle, on croira
nous croyons	nous avons cru	nous croyions	nous croirons
vous croyez	vous avez cru	vous croyiez	vous croirez
ils, elles croient	ils, elles ont cru	ils, elles croyaient	ils, elles croiront

IMPÉRATIF	INFINITIF	PARTICIPE	
PRÉSENT	PRÉSENT	PRÉSENT	PASSÉ
crois	croire	croyant	cru
croyons			crue
croyez			ayant cru

C.39 - boire

INDICATIF

PRÉSENT	PASSÉ COMPOSÉ	IMPARFAIT	FUTUR
je bois	j'ai bu	je buvais	je boirai
tu bois	tu as bu	tu buvais	tu boiras
il, elle, on boit	il, elle, on a bu	il, elle, on buvait	il, elle, on boira
nous buvons	nous avons bu	nous buvions	nous boirons
vous buvez	vous avez bu	vous buviez	vous boirez
ils, elles boivent	ils, elles ont bu	ils, elles buvaient	ils, elles boiront

IMPÉRATIF	INFINITIF	PARTICIPE	
PRÉSENT	PRÉSENT	PRÉSENT	PASSÉ
bois	boire	buvant	bu
buvons			bue
buvez			ayant bu

51. Lexique - verbes

Entre parenthèses, vous trouverez les participes passés irréguliers ou difficiles.
Le chiffre renvoie au modèle de conjugaison.

A

abandonner
s'abonner
aborder
abriter
accélérer **C.8**
accepter
accompagner
accomplir (accompli) **C.12**
accorder
s'accorder
accrocher
acheter **C.8**
additionner
admettre (admis) **C.31**
adorer
adoucir (adouci) **C.12**
s'adresser
affirmer
agir (agi) **C.12**
s'agir **C.12**
aider
s'aider
aimer
ajouter
aller
allumer
alterner
améliorer
amener **C.8**
annoncer
apercevoir (aperçu) **C.22**
apparaître (apparu) **C.34**
appartenir (appartenu) **C.18**
appeler **C.6**
s'appeler **C.6**
applaudir (applaudi) **C.12**
apporter
apprendre (appris) **C.30**
s'approcher
s'arrêter
arriver
assaisonner
s'asseoir (assis) **C.21**
assister
atteindre (atteint) **C.32**
attendre (attendu) **C.28**
atterrir (atterri) **C.12**
attraper
attribuer
autoriser
avancer **C.5**
avoir (eu) **C.1**

B

balader
barrer
battre (battu) **C.31**
bénéficier
boire (bu) **C.39**
bouger **C.4**
bricoler
brûler

C

cacher
calculer
camper
caractériser
caresser
casser
changer **C.4**
chanter
chercher
choisir (choisi) **C.12**
claquer
classer
collectionner
colorier
combattre (combattu) **C.31**
commander
commencer
commenter
comporter
se comporter
composer
comprendre (compris) **C.30**
compter
concerner
conduire (conduit) **C.37**
confier
confirmer
confondre (confondu) **C.28**
conjuguer
connaître (connu) **C.34**
conseiller
constater
construire (construit) **C.37**
consulter
contenir (contenu) **C.18**
continuer
contrôler
convaincre (convaincu) **C.29**
convenir (convenu) **C.19**
correspondre (correspondu) **C.28**
corriger **C.4**
coucher
se coucher
couler
couper
courir (couru) **C.16**
coûter
créer
croire (cru) **C.38**

D

danser
débarquer
se débrouiller
débuter
décider
déclarer
décoder
décorer
découper
découvrir (découvert) **C.13**
décrire (décrit) **C.35**
défendre (défendu) **C.28**
défiler

demander
dépasser
dépêcher
dépenser
déplacer **C.5**
déposer
se dérouler
descendre (descendu) **C.28**
désirer
dessiner
destiner
détacher
détester
devenir (devenu) **C.19**
deviner
devoir (dû) **C.22**
diffuser
dire **C.35**
diriger **C.4**
discuter
disparaître (disparu) **C.34**
distribuer
diviser
dominer
donner
dormir (dormi) **C.14**
dresser

E

éclairer
éclater
écouter
écrire (écrit) **C.35**
s'écrire **C.35**
effectuer
s'élever **C.7**
embarquer
embrasser
empêcher
employer **C.9**
encadrer
enfermer
s'enfuir (enfui) **C.15**
enlever **C.7**
s'ennuyer **C.9**
enquêter
enregistrer
entendre (entendu) **C.28**
enterrer
entraîner
entreprendre (entrepris) **C.30**
entrer
envoyer **C.10**
éprouver
escalader
essuyer **C.9**
établir (établi) **C.12**
s'étonner
être (été)
étudier
éviter
s'excuser
exister
expliquer
exploser
exprimer
s'exprimer

F

fabriquer
faire (fait) **C.36**
falloir (fallu) **C.25**
familiariser
fermer
figurer
se figurer
finir (fini) **C.12**
fixer
fondre (fondu) **C.28**

former
formuler
fournir (fourni) **C.12**
franchir (franchi) **C.12**
freiner
fumer

G

gagner
garder
garer
glisser
griller
guider

H

s'habiller
habiter **C.3**
hésiter
heurter

I

illustrer
imaginer
indiquer
inscrire (inscrit) **C.35**
s'inspirer
interdire (interdit) **C.35**
intéresser
interroger **C.4**
interviewer
inventer
inviter

J

jouer
juger **C.4**
justifier

L

laisser
laver
se lever
libérer
lire (lu) **C.35**
se loger
louer

M

manger
manquer
marcher
marquer
mener **C.8**
mesurer
mettre (mis) **C.31**
monter
montrer
se montrer
se moquer
mourir (mort) **C.17**

N

naître (né) **C.34**
naviguer
noter
numéroter

O

obliger **C.4**
observer
obtenir (obtenu) **C.18**
occuper
s'occuper
offrir (offert) **C.13**
opérer
organiser
oser
oublier
ouvrir (ouvert) **C.13**

P

paraître (paru) **C.34**
parler
participer
partir (parti) **C.14**
passer
se passer
passionner
payer **C.9**
pêcher
peindre (peint) **C.32**
penser
perdre (perdu) **C.28**
se perdre **C.28**
permettre (permis) **C.31**
peser **C.8**
photographier
placer **C.4**
se plaindre (plaint) **C.32**
plaire (plu) **C.36**
planter
plâtrer
pleuvoir (plu)
plonger
porter
poser
pcusser
pouvoir (pu) **C.23**
pratiquer
précéder **C.8**
se précipiter
préciser
préférer
prendre (pris)
préparer
présenter
prévenir (prévenu) **C.19**
prévoir (prévu) **C.20**
prier
procéder **C.8**
produire (produit) **C.37**
se produire **C.37**
se promener
proposer
propulser
protester
provoquer
publier

Q

quitter

R

raccourcir (raccourci) **C.12**
raconter
ralentir (ralenti) **C.12**
rappeler **C.6**
rassembler
rater
rattraper
réaliser
se réaliser
récapituler

recevoir (reçu)   **C.22**
rechercher
recommencer   **C.5**
récompenser
reconnaître (reconnu)   **C.34**
reconstituer
recopier
récrire (récrit)   **C.35**
redémarrer
rédiger   **C.4**
refaire (refait)   **C.36**
refermer
réfléchir (réfléchi)   **C.12**
refuser
regarder
régner
rejoindre (rejoint)   **C.32**
se réjouir (réjoui)   **C.12**
relever
relier
relire (relu)   **C.35**
remarquer
remercier
remettre (remis)   **C.31**
remonter
remplacer   **C.5**
remplir (rempli)   **C.12**
remporter
rencontrer
rendre (rendu)
se rendre
renoncer   **C.5**
rentrer
renverser
repartir (reparti)   **C.14**
répéter   **C.8**
répondre (répondu)   **C.28**
reporter
se reposer
reprendre (repris)   **C.30**
reproduire (reproduit)   **C.37**
réserver
respecter
ressembler
ressentir (ressenti)   **C.14**
rester
retarder
retenir (retenu)   **C.18**
retourner
retransmettre (retransmis)   **C.31**
retrouver
se retrouver
réussir (réussi)   **C.12**
révéler   **C.8**
se réveiller
revenir (revenu)   **C.19**
rêver
se révolter
rire   **C.27**

S

saluer
savoir (su)   **C.26**
sauter
sentir (senti)   **C.14**
se sentir   **C.14**
séparer
servir (servi)   **C.14**
se servir   **C.14**
signifier
situer
se soigner
songer   **C.4**
sortir (sorti)   **C.14**
souhaiter
souligner
se souvenir (souvenu)   **C.19**
suffire (suffi)   **C.35**
suggérer
suivre (suivi)   **C.33**
stopper

T

taper
se taper
téléphoner
témoigner
tendre   **C.28**
tenir (tenu)   **C.18**
se tenir   **C.18**
tenter
terminer
se terminer
tirer
tourner
tomber
tracer   **C.5**
traduire (traduit)   **C.37**
transformer
transmettre (transmis)   **C.31**
transporter
travailler
traverser
se tromper
trouver
se trouver

U

utiliser

V

valoir (valu)   **C.25**
varier
vendre   **C.28**
venir (venu)   **C.19**
vérifier
vieillir (vieilli)   **C.12**
visiter
vivre (vécu)   **C.33**
voir (vu)   **C.20**
voler
voter
vouloir (voulu)   **C.24**
voyager   **C.4**

L'alphabet phonétique international

VOYELLES ORALES

[a]	*lac, cave, béat, soi, moelle, moyen, il plongea, femme*
[ɑ]	*tas, case, sabre, flamme, âme, noix, douceâtre, poêle*
[e]	*année, pays, désobéir, œdème, je mangeai, vous mangez*
[ɛ]	*bec, poète, blême, Noël, il peigne, il aime, fraîche, j'aimais*
[i]	*île, ville, épître, tu lis, partir, cyprès, dîner, naïf*
[ɔ]	*note, robe, mode, col, roche, Paul*
[o]	*drôle, aube, agneau, sot, pôle*
[u]	*outil, mou, pour, jour, goût, août*
[y]	*usage, luth, mur, uni, nu, il eut*
[œ]	*peuple, bouvreuil, bœuf, œil, jeune*
[ø]	*émeute, jeûne, aveu, nœud*
[ə]	*me, remède, grelotter, je serai*

VOYELLES NASALES

[ɛ̃]	*limbe, instinct, impie, main, bien, saint, dessein, lymphe, syncope*
[ɑ̃]	*champ, ange, emballer, ennui, vengeance, Laon*
[ɔ̃]	*plomb, ongle, mon*
[œ̃]	*parfum, aucun, brun, à jeun*

SEMI-VOYELLES

[j]	*yeux, lieu, fermier, piller*
[ɥ]	*lui, nuit, suivre, buée, sua*
[w]	*oui, ouest, moi, squale*

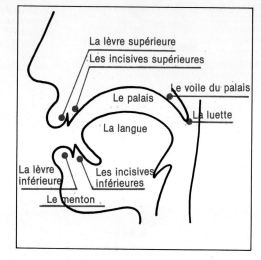

CONSONNES

[p]	*prendre, apporter, stop*
[b]	*bateau, combler, aborder, abbé, snob*
[t]	*train, théâtre, vendetta*
[d]	*dalle, addition, cadenas*
[k]	*coq, quatre, carte, kilo, squelette, accabler, bacchante, chaos, chlore*
[g]	*guêpe, diagnostic, garder, gondole, seconde*
[f]	*fable, physique, Fez, chef*
[v]	*voix, wagon, aviver, révolte*
[s]	*savant, science, cela, ciel, façon, ça, reçu, patience, façade*
[z]	*zèle, azur, réseau, rasade*
[ʒ]	*jabot, déjouer, jongleur, âgé, gigot*
[ʃ]	*charrue, échec, schéma, short*
[l]	*lier, pal, intelligence, illettré, calcul*
[r]	*rare, arracher, âpre, sabre*
[m]	*amas, mât, drame, grammaire*
[n]	*nager, naine, neuf, dictionnaire*
[ɲ]	*agneau, peigner, baigner, besogne*

Il n'est pas tenu compte dans ce tableau des exceptions. Seuls l'usage et les indications contenues dans le dictionnaire donneront la prononciation la plus courante dans les cas douteux.
La lettre *x* correspond à la prononciation [ks] et [gs]: *axe, Xavier*. La lettre *h* ne se prononce pas et ne comporte aucune aspiration. Le *h* dit «aspiré» empêche les liaisons et les élisions.

(J. Dubois, Grammaire de base, Larousse)

Imprimé en France
Dépôt légal : 8245-03-1988 - Collection 22 – Édition 01
N° d'imprimeur : C88/23237 G – Maury-Imprimeur S.A., 45330 Malesherbes

15.4746.2